REVENANTS

DÉPOSÉ.

Reproduction et traduction interdites.

REVENANTS

(PAGES SUPPRIMÉES PAR L'EMPIRE.)

par

Victor Hugo, Louis Blanc, César Pascal, Henri Testard, Ernest Chériffel La Grave.

BRUXELLES.

Ch. SACRÉ-DUQUESNE,

Éditeur-Libraire,

3bis, RUE DE L'ÉCUYER.

1873.

Ces pages qui sont ma propriété exclusive furent saisies et confisquées en France. Maintenant que la liberté est revenue, je les mets en vente. Elles pourront servir à démontrer jusqu'à quel point a été poussé le despotisme impérial.

La plupart des travaux que contient ce volume ont été lus dans la séance publique annuelle de la Société qui les publie aujourd'hui, aux termes de son réglement et avec l'autorisation de leurs auteurs. Quelques fragments des compte-rendus de cette séance, extraits de divers journaux de Brighton et de Londres, serviront d'introduction à ce volume. « Il est peu de villes de son ordre, dit le *Guardian*, qui comptent, parmi leurs habitants, plus d'étrangers que Brighton. Presque tous ces étrangers sont venus de l'autre coté du Détroit, et sont engagés dans l'enseignement. Mais il y a, en outre, dans une ville d'éducation comme Brighton, beaucoup de personnes qui prennent un vif intérêt dans la littérature française. C'est en vue d'encourager ce goût pour les productions de cette langue, que la société littéraire française a été fondée.

« Quoique la plupart de ses membres résident à Brighton, la société accueille les travaux littéraires qui lui arrivent d'autres endroits du Pays ou de l'étranger, et elle en rend compte dans sa prochaine séance publique. Elle a aussi institué des prix pour les meilleurs essais sur les sujets qu'elle met au concours.

« On nous a dit que l'intention du comité était de ne tenir par an qu'une seule séance publique. Mais vu le succès qui a marqué l'inauguration de la société, l'intérêt qu'on prend déjà dans cette institution, et l'avantage intellectuel qu'en peuvent retirer les nombreux auditeurs que ses séances attireront certainement, si elle est bien dirigée, le comité fera peut être bien de revenir sur cette décision. Nous avons entendu exprimer le désir qu'il y eut une séance publique chaque mois, ou tout au moins plusieurs séances dans le courant de l'année.

« La société compte déjà un bon nombre de membres dont quelques-uns sont des écrivains distingués.

« Victor Hugo et Louis Blanc lui ont envoyé des contributions littéraires, en exprimant l'intérêt qu'ils prennent à sa prospérité. »

« Le premier meeting public de la Société a eu lieu mecredi soir (9 décembre 1868) dans la Salle des banquets du Royal Pavillon. Le président, M. le pasteur César Pascal, occupait le fauteuil. A sa droite et à sa gauche, sur l'estrade, se trouvaient des membres du comité. L'assemblée était nombreuse et des plus distinguée.

« Mesdames et Messieurs, a dit le président en ouvrant
» la séance, je n'ai que quelques mots à dire pour intro-
» duire auprès de vous la société littéraire française de
» Brighton qui tient ce soir sa première séance publique
» annuelle.

» Il y a trois ans, l'idée me vint de réunir ceux de nos
» compatriotes de cette ville qui se sentiraient les connais-
» sances, les aptitudes et le goût nécessaires à la culture
» des lettres françaises. Il me semblait qu'une ville aussi
» éclairée que Brighton, renfermant dans son sein un si
» grand nombre d'institutions où une notable partie de la
» jeunesse anglaise reçoit une éducation tout à la fois
» solide et brillante, verrait avec plaisir la fondation d'une
» société comme celle-ci. Je me disais aussi que la plupart
» des nombreux professeurs, nos compatriotes, attachés
» à ces institutions, devaient éprouver le besoin, si vif
» pour un esprit français, d'échanger des idées et de se

» livrer ensemble à des études dans le riche et vaste do-
» maine de la littérature. Malheureusement les lettres
» que j'envoyai à cette époque ne recueillirent pas un
» nombre suffisant d'adhésions au projet que j'avais con-
» çu. Plus heureux cette année, j'ai rencontré des hom-
» mes voués et dévoués aux lettres, qui, en s'associant
» avec joie à mon idée, en ont amené la réalisation, et
» désormais la société est fondée. Elle a déjà tenu plu-
» sieurs séances privées dont nous gardons le plus agréa-
» ble souvenir. Il en est résulté d'intéressantes causeries,
» un plus actif développement intellectuel, une noble
» émulation, et la séance publique de ce soir.

» Après le passé encore si rapproché de nous et après
» le présent qui va nous échapper, envisagerons-nous l'a-
» venir de cette société? Sans prendre nos aspirations et
» nos rêves pour des réalités, ne pouvons-nous pas espé-
» rer que cette société sera appréciée de nos compatrio-
» tes; qu'elle étendra son influence; verra s'accroître le
» nombre de ses membres; et contribuera à élever le
» niveau intellectuel de la colonie française de notre ville?
» Et qui sait, Mesdames et Messieurs, si, avec le temps et
» le travail, il n'en résultera pas aussi l'éveil, l'éducation,
» peut-être même l'éclosion inattendue, de quelque talent
» inconscient de lui-même et ignoré jusque là? Cette espé-
» rance, ou du moins sa franche et naïve expression vous

» semble-t-elle présomptueuse? Peut être bien. En tous
» cas, s'il est permis de tirer un augure des débuts de cette
» société, celui qu'ils nous offrent est, certes, favorable
» et encourageant. » Le président signale alors les divers
encouragements que la société a reçus : des demandes
d'admission lui sont arrivées ; — des travaux lui ont été
promis ; — le célèbre publiciste et historien dont l'esprit
profond et brillant se plait à l'étude des questions sociales et les éclaire des lueurs de l'expérience et de l'histoire; l'auteur de *l'Histoire de la révolution française,* de *l'Histoire de dix ans,* de *l'Histoire de la révolution de* 1848, M. Louis Blanc, a écrit au secrétaire pour féliciter les membres de la société et leur promettre sa collaboration. — Victor Hugo, « dont le nom signifie grandeur d'âme, amour de la liberté et de l'humanité, indomptable protestation au nom de la justice et du droit, fécond, sublime, immortel génie; l'auteur du *Dernier jour d'un condamné,* de *Notre Dame,* des *Misérables, d'Hernani,* des *Odes et Ballades,* des *Voix intérieures,* des *Feuilles d'automne,* des *Contemplations,* etc., Victor Hugo lui-même, a bien voulu être comme le parrain de cette société naissante. » Il a adressé au président une lettre cordiale de félicitation, et l'a fait suivre d'un magnifique poëme envoyé pour la séance publique de la société. « N'est-ce pas là, demande le président, autant

de distinctions flatteuses, de puissants encouragements, d'heureux présages et comme la consécration de cette société par le génie littéraire de la France ? »

» Après les vifs applaudissements qui ont accueilli ce discours, M. Pascal a donné lecture de la lettre et du poëme de Victor Hugo. L'auditoire a montré combien il savait apprécier les beautés diverses de ce puissant poëme, *Mentana,* l'un des plus remarquables de la muse toujours jeune et féconde de l'immortel auteur de tant de chefs-d'œuvres.

» Les membres du comité ont lu ensuite des travaux de prose et de vers qui ont tour à tour impressionné, intéressé et amusé l'auditoire.

» Enfin le secrétaire, M. H. Testard, a fait connaître le sujet mis au concours pour l'année prochaine : *Du rôle de la femme dans la famille et la société.*

» La séance, commencée à sept heures et demie, s'est prolongée, sans fatigue pour les auditeurs, jusqu'à dix heures et demie. Le président l'a close en remerciant l'assemblée de sa bienveillance où il voyait, avec raison, un motif de plus d'encouragement à ajouter à ceux dont il avait parlé au début de la séance. »

Brighton, 25 mars 1869.

I.

LA VOIX DE GUERNESEY

(MENTANA)

—

POËME

PAR

VICTOR HUGO.

LA VOIX DE GUERNESEY.

I

Ces jeunes gens, ces fils de Brutus, de Camille,
De Thraséas, combien étaient-ils? quatre mille.
Combien sont morts? Six cents! Comptez. Voyez.
Une dispersion de membres foudroyés,
Des bras rompus, des yeux troués et noirs, des ventres
Où fouillent en hurlant les loups sortis des antres,
De la chair mitraillée au milieu des buissons,
C'est là tout ce qui reste, après les trahisons,
Après le piége, après les guet-apens infâmes,
Hélas, de ces grands cœurs et de ces grandes âmes!
Voyez. On les a tous fauchés d'un coup de faulx.
Leur crime? ils voulaient Rome et ses arcs triomphaux;

Ils défendaient l'honneur et le droit, ces chimères.
Venez, reconnaissez vos enfants, venez, mères !
Car pour qui l'allaita, l'homme est toujours l'enfant.
Tenez ; ce front hagard, qu'une balle ouvre et fend,
C'est l'humble tête blonde où jadis, pauvre femme,
Tu voyais rayonner l'aurore et poindre l'âme ;
Ces lèvres, dont l'écume a souillé le gazon,
O nourrice, après toi bégayaient ta chanson.
Cette main froide, auprès de ces paupières closes,
A fait jaillir ton lait sous ses petits doigts roses ;
Voici le premier-né ; voici le dernier-né.
O d'espérance éteinte amas infortuné !
Pleurs profonds ! ils vivaient ; ils réclamaient leur Tibre ;
Être jeune n'est pas complet sans être libre ;
Ils voulaient voir leur aigle immense s'envoler ;
Ils voulaient affranchir, réparer, consoler ;
Chacun portait en soi, pieuse idolâtrie,
Le total des affronts soufferts par la patrie ;
Ils savaient tout compter, tout, hors les ennemis.
Beaux, vaillants, jeunes, — morts ! Adieu, nos doux amis !
Les heures de lumière et d'amour sont passées,
Vous n'effeuillerez plus avec vos fiancées
L'humble étoile des prés qui rayonne et fleurit... —
Que de sang sur ce prêtre, ô pâle Jésus-Christ !

Pontife élu que l'ange a touché de sa palme,
A qui Dieu commanda de tenir, doux et calme,

Ton évangile ouvert sur le monde orphelin,
O frère universel à la robe de lin,
A demi dans la chaire, à demi dans la tombe,
Serviteur de l'Agneau, gardien de la Colombe,
Qui des cieux dans ta main portes le lys tremblant,
Homme près de ta fin, car ton front est tout blanc
Et le vent du sépulcre en tes cheveux se joue,
Vicaire de celui qui tendait l'autre joue,
A cette heure, ô semeur des pardons infinis,
Ce qui plaît à ton cœur et ce que tu bénis
Sur notre sombre terre où l'âme humaine lutte,
C'est un fusil tuant douze hommes par minute !

Jules deux reparaît sous sa mitre de fer.
La papauté féroce avoue enfin l'enfer.

Certes l'outil du meurtre a bien rempli sa tâche.
Ces rois ! leur foudre est traître et leur tonnerre est lâche.
Avoir été trop grands, Français, c'est importun.
Jadis un contre dix, aujourd'hui dix contre un.
France, on te déshonore, on te traîne, on te lie,
Et l'on te force à mettre au bagne l'Italie.
Voilà ce qu'on te fait, colosse en proie aux nains !
Un ruisseau fumant coule au flanc des Apennins.

II

O sinistre vieillard, te voilà responsable
Du vautour déterrant un crâne dans le sable,
Et du croassement lugubre des corbeaux !
Emplissez désormais ses visions, tombeaux,
Paysages hideux où rôdent les belettes,
Silhouettes d'oiseaux perchés sur des squelettes !
S'il dort, apparais-lui, champ de bataille noir !

Les canons sont tout chauds ; ils ont fait leur devoir ;
La mitraille invoquée a tenu sa promesse.
C'est fait. Les morts sont morts. Maintenant dis ta messe.
Prends dans tes doigts l'hostie en t'essuyant un peu,
Car il ne faudrait pas mettre du sang à Dieu !

Du reste tout est bien. La France n'est pas fière ;
Le roi de Prusse a ri ; le denier de Saint Pierre
Prospère, et l'Irlandais donne son dernier sou ;
Le peuple cède et met en terre le genoux ;
De peur qu'on ne le fauche, il plie, étant de l'herbe ;

On reprend Frosinone et l'on rentre à Viterbe ;
Le czar a commandé son service divin ;
Partout où quelque mort blémit dans un ravin,
Le rat joyeux le ronge en tremblant qu'il ne bouge ;
Ici la terre est noire ; ici la plaine est rouge ;
Garibaldi n'est plus qu'un vain nom immortel,
Comme Léonidas, comme Guillaume Tell ;
Le pape, à la Sixtine, au Gésu, chez les Carmes,
Met tous ses diamants ; tendre, il répand des larmes
De joie ; il est très-doux ; il parle du succès
De ses armes, du sang versé, des bons Français,
Des quantités de plomb que la bombarde jette,
Modestement, les yeux baissés, comme un poëte
Se fait un peu prier pour réciter ses vers.
De convois de blessés les chemins sont couverts.
Partout rit la victoire.

      Utilité des traites !

Dans les perles, la soie et l'or, parmi tes reîtres
Qu'hier, du doigt, aux champs de meurtre, tu guidais,
Pape, assis sur ton trône et siégeant sous ton dais,
Coiffé de ta tiare aux trois couronnes, prêtre,
Tu verras quelque jour au Vatican peut-être
Entrer un homme triste et de haillons vêtu,
Un pauvre, un inconnu. Tu lui diras : — Qu'es-tu,

Passant? que me veux-tu? sors-tu de quelque geôle?
Pourquoi voit-on ces brins de laine à ton épaule?
— Une brebis était tout à l'heure dessus,
Répondra-t-il. Je viens de loin. Je suis Jésus.

III

Une chaîne au héros! une corde à l'apôtre!
John Brown, Garibaldi, passez l'un après l'autre.
Quel est ce prisonnier? C'est le libérateur.
Sur la terre, en tous lieux, du pôle à l'équateur,
L'iniquité prévaut, règne, triomphe, et mène
De force aux lâchetés la conscience humaine.
O prodiges de honte! étranges impudeurs!
On accepte un soufflet par des ambassadeurs.
On jette aux fers celui qui nous a fait l'aumône.
— Tu sais, je t'ai blâmé de lui donner ce trône! —
On était gentilhomme, on devient alguazil.
Débiteur d'un royaume, on paie avec l'exil.

Pourquoi pas? on est vil. C'est qu'on en reçoit l'ordre.
Rampons. Lécher le maître est plus sûr que le mordre.
D'ailleurs tout est logique. Où sont les contresens?
La gloire a le cachot, mais le crime a l'encens;

De quoi vous plaignez-vous ? l'infâme étant l'auguste,
Le vrai doit-être faux, et la balance est juste.
On dit au soldat : frappe ! il doit frapper. La mort
Est la servante sombre aux ordres du plus fort.
Et puis, l'aigle peut bien venir en aide au cygne !
Mitrailler est le dogme et croire est la consigne.
Qu'est pour nous le soldat ? du fer sur un valet.
Le pape veut avoir son Sadowa ; qu'il l'ait.
Quoi donc ? en viendra-t-on dans le siècle où nous sommes,
A mettre en question le vieux droit qu'ont les hommes
D'obéir à leur prince et de s'entretuer ?
Au prétendu progrès pourquoi s'évertuer,
Quand l'humble populace est surtout coutumière ?
La masse a plus de calme ayant moins de lumière ;
Tous les grands intérêts des peuples, l'échafaud,
La guerre, le budget, l'ignorance qu'il faut,
Courent moins de danger, et sont en équilibre
Sur l'homme garroté mieux que sur l'homme libre.
L'homme libre se meut et cause un tremblement.
Un Garibaldi peut tout rompre à tout moment ;
Il entraîne après lui la foule, qui déserte
Et passe à l'idéal. C'est grave. On comprend, certe,
Que la société, sur qui veillent les cours,
Doit trembler et frémir et crier au secours,
Tant qu'un héros n'est pas mis hors d'état de nuire.

Le phare aux yeux de l'ombre est coupable de luire.

IV

Votre Garibaldi n'a pas trouvé le joint.
Ça, le but de tout homme ici-bas n'est-il point
De tâcher d'être dupe aussi peu que possible?
Jouir est bon. La vie est un tir à la cible.
Le scrupule en haillons grelotte; je le plains.
Rien n'a plus de vertu que les coffres-forts pleins.
Il est de l'intérêt de tous qu'on ait des princes
Qui fassent refluer leur or dans les provinces;
C'est pour cela qu'un roi doit être riche; avoir
Une liste civile énorme est son devoir;
Le pape, qu'on voudrait confiner dans les astres,
Est un roi comme un autre. Il a besoin de piastres,
Que diable! l'opulence est le droit du saint lieu;
Il faut dorer le pape afin de prouver Dieu;
N'avoir pas une pierre où reposer sa tête
Est bon pour Jésus-Christ. La loque est déshonnête.
Voyons la question par le côté moral:
Le but du colonel est d'être général,
Le but du maréchal est d'être connétable.
Avant tout mon paiement. Mettons cartes sur table.

Un renégat a tort tant qu'il n'est pas muchir ;
Alors il a raison. S'arrondir, s'enrichir,
Tout est là. Regardez, nous prenons les Hanovres.
Et quand à ces bandits qui veulent rester pauvres,
Ils sont les ennemis publics. Sus ! hors la loi !
Ils donnent le mauvais exemple. Coffrez-moi
Ce gueux, qui, dictateur, n'a rien mis dans sa poche.

On se heurte au battant lorsqu'on touche à la cloche,
Et lorsqu'on touche au prêtre on se heurte au soudard.
Morbleu, la papauté n'est pas un objet d'art !
Par le sabre en Espagne, en Prusse par la schlague,
Par la censure en France, on modère, on élague
L'excès de rêverie et de tendance au droit.
Le peuple est pour le prince un soulier fort étroit ;
L'élargir en l'usant aux marches militaires
Est utile. Un pontife, en ses sermons austères,
Sait rattacher au ciel nos lois, qu'on nomme abus,
Et le Knout en latin s'appelle Syllabus.
L'ordre est tout. Le fusil Chassepot est suave.
Le progrès est béni, dans quoi ? dans le zouave ;
Les boulets sont bénis dans leurs coups ; le chacal
Est béni dans sa faim, s'il est pontifical.
Nous trouvons excellent, quant à nous, que le pape
Rie au nez de ce siècle inepte, écrase, frappe ;
Et, du moment qu'on veut lui prendre son argent,
Se fasse carrément recruteur et sergent,

Pousse à la guerre, et crie : à mort quiconque est libre !
Qu'il recommande au prône un obus de calibre,
Qu'il dise, en achevant sa prière : Égorgez !
Envoie aux combattants force fourgons chargés,
De la poudre, du plomb, du fer, et ravitaille
L'extermination sur les champs de bataille !

V

Qu'il aille donc ! qu'il aille, emportant son mandat,
Ce chevalier errant des peuples, ce soldat,
Ce paladin, ce preux de l'idéal ! qu'il parte.
Nous, les proscrits d'Athène, à ce proscrit de Sparte,
Ouvrons nos seuils ; qu'il soit notre hôte maintenant ;
Qu'en notre maison sombre il entre en rayonnant.
Oui, viens, chacun de nous, frère à l'âme meurtrie,
Veut avec son exil te faire une patrie !
Viens, assieds-toi chez ceux qui n'ont plus de foyer.
Viens, toi qu'on a pu vaincre et qu'on n'a pu ployer !
Nous chercherons quel est le nom de l'espérance ;
Nous dirons : Italie ! et tu répondras : France !
Et nous regarderons, car le soir fait rêver,
En attendant les droits, les astres se lever.

L'amour du genre humain se double d'une haine
Égale au poids du joug, au froid noir de la chaîne,
Aux mensonges du prêtre, aux cruautés du roi.
Nous sommes rugissants et terribles. Pourquoi ?
Parce que nous aimons. Toutes ces humbles têtes,
Nous voulons les voir croître, et nous sommes des bêtes
Dans l'antre, et nous avons les peuples pour petits.
Jetés au même écueil, mais non pas engloutis,
Frère, nous nous dirons tous les deux notre histoire ;
Tu me raconteras Palerme et ta victoire,
Je te dirai Paris, sa chute, et nos sanglots,
Et nous lirons ensemble Homère au bord des flots.
Puis tu continueras ta marche âpre et hardie.

Et, là bas, la lueur deviendra l'incendie.

VI

Ah ! race italienne, il était ton appui !
Ah ! vous auriez eu Rome, ô peuples, grâce à lui,
Grâce au bras du guerrier, grâce au cœur du prophète.
D'abord il l'eût donnée, ensuite il l'eût refaite.

Oui, calme, ayant en lui de la grandeur assez
Pour s'ajouter sans trouble aux héros trépassés.
Il eût reforgé Rome ; il eût mêlé l'exemple
Du vieux sépulcre avec l'exemple du vieux temple ;
Il eût mêlé Turin, Pise, Albe, Velletri,
Le Capitole avec le Vésuve, et pétri
L'âme de Juvénal avec l'âme de Dante ;
Il eût trempé d'airain la fibre indépendante,
Il vous eût des Titans montré les fiers chemins.
Pleurez, Italiens ! il vous eût faits romains.

VII

Le crime est consommé. Qui l'a commis ? ce pape ?
Non. Ce roi ? non. Le glaive à leur bras faible échappe.
Qui donc est le coupable alors ? Lui. L'homme obscur,
Celui qui s'embusqua derrière notre mur ;
Le fils du Simon grec et du Judas biblique :
Celui qui, souriant, guetta la république,
Son serment sur le front, son poignard à la main.
Il est parmi vous, rois, ô groupe à peine humain,
Un homme que l'éclair de temps en temps regarde.

Ce condamné, qui triple autour de lui sa garde,
Perd sa peine. Son tour approche. Quand? bientôt.
C'est pourquoi l'on entend un grondement là haut.
L'ombre est sur vos palais, ô rois. La nuit l'apporte.
Tel que l'exécuteur frappant à votre porte,
Le tonnerre demande à parler à quelqu'un.
Et cependant l'odeur des morts, affreux parfum
Qui se mêle à l'encens des Tedeums superbes,
Monte du fond des bois, du fond des près pleins d'herbes,
Des steppes, des marais, des vallons, en tous lieux !
Au fatal boulevard de Paris oublieux,
Au Mexique, en Pologne, en Crète où la nuit tombe,
En Italie, on sent un miasme de tombe,
Comme si, sur ce globe et sous le firmament,
Étant dans sa saison d'épanouissement,
Vaste mancenillier de la terre en démence,
Le carnage vermeil ouvrait sa fleur immense.
Partout des égorgés ! des massacrés partout !
Le cadavre est à terre et l'idée est debout.
Ils gisent étendus dans les plaines farouches.
L'appel aux armes flotte au-dessus de leurs bouches.
On les dirait semés. Ils le sont. Le sillon
Se nomme Liberté. La mort est l'aquilon,
Et les morts glorieux sont la graine sublime
Qu'elle disperse au loin sur l'avenir, abime.
Germez, héros ! et vous, cadavres, pourrissez.
Fais ton œuvre, ô mystère ! épars, nus, hérissés,

Béants, montrant au ciel leurs bras coupés qui pendent,
Tous ces exterminés immobiles attendent.

Et tandis que les rois, heureux et désastreux,
Font une fête auguste et triomphale entre eux,
Tandis que leur Olympe abonde, au fond des nues,
En fanfare, en festins, en joie, en gorges nues,
Rit, chante, et, sur nos fronts, montre aux hommes contents
Une fraternité de czars et de sultans,
De son côté, là-bas, au désert, sous la bise,
Dans l'ombre, avec la mort le vautour fraternise ;
Les bêtes du sépulcre ont leur vil rendez-vous
Le freux, la louche orfraie, et le pygargue roux,
L'âpre autour, les milans, féroces hirondelles,
Volent droit aux charniers, et tous, à tire d'ailes,
Se hâtent vers les morts, et ces rauques oiseaux
S'abattent, l'un mordant la chair, l'autre les os,
Et, criant, s'appelant, le feu sous les paupières,
Viennent boire le sang qui coule entre les pierres.

VIII

O peuple, noir dormeur, quand t'éveilleras-tu ?
Rester couché sied mal à qui fut abattu.

Tu dors, avec ton sang sur les mains, et, stigmate
Que t'a laissé l'abjecte et dure casemate,
La marque d'une corde autour de tes poignets.
Qu'as-tu fait de ton âme, ô toi qui t'indignais!
L'empire est une cave, et toutes les espèces
De nuit te tiennent pris sous leurs brumes épaisses.
Tu dors, oubliant tout, ta grandeur, son complot,
La liberté, le droit, ces lumières d'en haut;
Tu fermes les yeux, lourd, gisant sous d'affreux voiles
Sans souci de l'affront que tu fais aux étoiles !
Allons, remue. Allons, mets-toi sur ton séant,
Qu'on voie enfin bouger le torse du géant.
La longueur du sommeil devient ignominie.
Es-tu las? es-tu sourd? es-tu mort? Je le nie.
N'as-tu pas conscience en ton accablement
Que l'opprobre s'accroît de moment en moment :
N'entends-tu pas qu'on marche au-dessus de ta tête.
Ce sont les rois. Ils font le mal. Ils sont en fête.
Tu dors sur ce fumier, toi qui fus citoyen!
Te voilà devenu bête de somme. Eh bien,
L'âne se lève et brait ; le bœuf se dresse, et beugle.
Cherche donc dans ta nuit puisqu'on t'a fait aveugle!
O toi qui fus si grand, debout! car il est tard.
Dans cette obscurité l'on peut mettre au hasard
La main sur de la honte ou bien sur de la gloire ;
Étends le bras le long de la muraille noire ;
L'inattendu dans l'ombre ici peut se cacher;

Tu parviendras peut-être à trouver, à toucher,
A saisir une épée entre tes poings funèbres,
Dans le tâtonnement farouche des ténèbres !

II

AU MARIN.

POÉSIE

PAR

CÉSAR PASCAL.

AU MARIN

—

Marin, qui sur les mers profondes
Guides ton vaisseau sans frayeur,
Quand vous quittez pour d'autres mondes
Du Pays le sol protecteur,

Dis-moi, penses-tu que peut-être,
Victime désignée au sort,
Tu ne verras plus reparaître
Le phare lumineux du port?...

Ami, quand sur l'onde azurée
Se balance ton fier vaisseau,
Mirant sa voilure livrée
Aux brises errantes sur l'eau ;

Dis-moi, sais-tu que les promesses
D'un flot calme et d'un ciel serein
Nous cachent souvent les tristesses
Et les revers du lendemain ?...

Lorsque, en route et loin de la terre,
Ton regard cherche et n'aperçoit
Que l'immensité solitaire,
Te dis-tu : Dieu veille et me voit ?...

Quand la nuit au manteau d'ébène
Couvre de mystère les flots,
Si, debout près de la misaine, (1)
Tu veilles seul des matelots ;

Si le silence t'environne,
Et si tu n'entends que le bruit
De la voilure qui frissonne
Au souffle humide de la nuit ;

(1) Le mât de misaine est celui qui se trouve à l'avant du navire. Sa voile appelée aussi misaine est la voile de tous les temps. On ne la supprime que devant une tempête irrésistible.

Penses-tu que nos jours pâlissent
En se pressant vers le tombeau,
Et que sans bruit ils glissent, glissent,
Comme ton navire sur l'eau?...

Quand, par une nuit transparente,
Sur le sein des mers palpitant,
La carène phosphorescente
Trace un long sillage éclatant;

Sais-tu qu'ainsi l'éclat du monde
Brille, passe et s'évanouit
Dans cette obscurité profonde
Qui nous précède et qui nous suit?...

Quand la voyageuse hirondelle,
Lasse de sa course annuelle,
Vient se reposer sur tes mâts;
Avant que l'aimable petite,
Poursuivant sa route prescrite,
Pour toujours ton vaisseau ne quitte,
Du Pays ne parlez-vous pas?...

Mais voici que le ciel se voile!
Allons! que l'on cargue la voile,

Et que l'on ferme les hublots ! (1)
Enfants, la vague est inquiète.
J'entends les cris de la mouette
Elle vous dit : Que l'on s'apprête!
Courage, pauvres matelots !...

Oh ! la tempête est déchainée !
Avant la fin de la journée
On peut périr au sein des flots.
Vains efforts ! Espérance vaine !
La voix mâle du capitaine
A dit : supprimez la misaine,
Et préparez moi les canots !

Déjà la carène est meurtrie !
Marin, c'en est fait de ta vie !
Mais, qu'entends-je ? une voie amie
Sur ce vaisseau brisé, perdu,
Chante, chante au sein de l'écume !...
C'est l'oiseau dont le chant rallume
Ton courage presque abattu. (2)

(1) On appelle hublots les petites ouvertures qu'on perce dans la muraille d'un navire pour donner du jour et de l'air à l'entrepont.
(2) Des oiseaux de mer se réfugient pendant la tempête dans les vergues des navires, et y chantent au sein du tumulte des vagues, comme pour payer de leur chant, qui semble alors être une prière, l'hospitalité qu'on leur donne.

Pauvre oiseau, chante, chante encore.
Bien que la tempête t'ignore,
Le seigneur que ta voix implore
Ne dédaigne pas tes accents,
Marin, joins ta voix à la sienne
Et que ta prière parvienne
A Celui qui commande aux vents!

Brighton, novembre 1868.

III

III

DES DIVERS AGES

DE LA

LITTÉRATURE,

PAR

LOUIS BLANC.

DES DIVERS AGES

DE LA

LITTÉRATURE.(1)

» La poésie a trois âges dont chacun correspond à une époque de la société : l'ode, l'épopée et le drame. Les temps primitifs sont lyriques, les temps antiques sont épiques, les temps modernes sont dramatiques. L'ode chante l'éternité, l'épopée solennise l'histoire ; le drame peint la vie, »

C'est de cette formule que part la poétique dont Victor Hugo a tracé les règles dans sa fameuse préface de *Cromwell*.

Victor Hugo a raison : la société chante ce qu'elle sent avant de raconter ce qu'elle fait, et elle raconte ce qu'elle fait avant de peindre ce qu'elle pense. Ainsi, dans l'ordre des développements de l'esprit humain, l'ode doit venir avant l'épopée, l'épopée avant le drame.

(1) Envoyé à la société et publié avec l'autorisation de l'auteur.

Mais cette succession que Victor Hugo a si bien constatée, demande, ce me semble, à être analysée avec soin.

Voici comment ce puissant esprit présente la filiation du drame (1) : « Du jour où le christianisme a dit à l'homme : « Tu es double, tu es composé de deux êtres, l'un périssable, l'autre immortel ; l'un charnel, l'autre éthéré ; l'un enchaîné par les appétits, les besoins et les passions ; l'autre emporté sur les ailes de l'enthousiasme et de la rêverie ; celui-ci enfin toujours courbé vers la terre, sa mère ; celui-là sans cesse élancé vers le ciel, sa patrie, » de ce jour le drame a été créé. Est-ce autre chose, en effet, que ce contraste de tous les jours, que cette lutte de tous les instants entre deux principes opposés qui se disputent l'homme depuis le berceau jusqu'à la tombe ? La poésie née du christianisme, la poésie née de notre temps, est donc le drame : le drame est le réel ; le réel résulte de la combinaison toute naturelle de deux types, le sublime et le grotesque, qui se croisent dans le drame, comme ils se croisent dans la vie et la création. »

Que le génie de notre illustre ami nous pardonne ici quelques remarques.

Il est bien vrai que le christianisme a fait passer dans

---

(1) Préface de *Cromwell*, page 14.

la croyance des peuples ce dualisme de la nature humaine : l'union de l'âme et du corps. Mais en proclamant que la nature humaine était double, ce n'est pas la partie inférieure de cette nature, le corps, qu'il a glorifiée, c'est sa partie supérieure, l'âme. Le paganisme avait divinisé les difformités de la matière : il avait fait monter Silène sur un âne; il avait énivré Bacchus; il avait fait boiter Vulcain. Le grotesque existait donc dans la mythologie païenne : que dis-je ? il la remplissait tout entière. Victor Hugo n'est-il pas conduit à reconnaître que les Tritons, les Satyres, les Cyclopes étaient des grotesques; que Polyphème était un grotesque terrible, Midas un grotesque niais, Silène un grotesque bouffon? — Mais Polyphème était un géant, Midas un roi, Silène un dieu. — Eh que prouve cela, sinon que le contraste en était plus saisissant? Est-ce un bon moyen de dissimuler le difforme que de lui donner des proportions colossales? Le grotesque existait si bien dans l'antiquité païenne qu'on l'y trouve partout : dans l'antre des Cyclopes et dans le palais des rois, dans l'enfer et dans l'Olympe.

Loin d'avoir introduit dans la poésie le type du grotesque, le christianisme par sa nature même tendait à affaiblir ce type et à l'effacer. Que venait-elle dire, en effet, aux hommes, cette religion chrétienne si profondément rénovatrice? Elle venait dire au maître : « Tu vas affranchir ton esclave et le respecter, parce que Dieu lui a donné ainsi qu'à toi une âme immortelle, et qu'il a caché sous une auréole divine le sceau flétrissant gravé sur son front. » Elle venait dire à l'homme sain et beau : « Tu vas tendre la main à ce lépreux, parce que les infirmités et la laideur de sa nature corporelle disparaissent sous la grandeur de son origine et l'éclat de sa destinée morale. » Se peut-il rien de plus noblement idéal? Le paganisme avait métamorphosé Jupiter en taureau; il avait fait quelquefois descendre les dieux au rang des animaux les plus immondes : le christianisme, au contraire, était venu jeter sur le corps meurtri de l'esclave et le corps souillé du lépreux le voile d'un idéal aussi touchant que sublime : il avait pris l'homme boiteux, l'être difforme, et, pour les sauver des atteintes du sarcasme, il les avait enveloppés dans la majesté de Dieu même.

Si le type du grotesque avait pu périr, il aurait succombé, ce me semble, sous l'action du christianisme.

Mais alors pourquoi, dira-t-on, ce type ne s'est il pas même affaibli? Pourquoi le trouvons-nous si fortement mêlé à toutes les créations littéraires et artistiques du moyen âge? Pourquoi domine-t-il dans les croyances populaires, sous toutes les formes et tous les noms?

Pourquoi le voyons-nous sculpté en figures hideuses sur le front des vieilles cathédrales et si bizarrement colorié jusque dans les vieux missels ? Pourquoi enfin Arioste, en Italie ; Cervantès, en Espagne ; Rabelais, en France ? Je répondrai tout à l'heure à ces questions, et l'on verra comment cette irruption du grotesque dans la société a coïncidé précisément avec l'affaiblissement de l'unité chrétienne.

Mais d'abord en quel sens est-il vrai de dire que le drame est la poésie des temps modernes ?

Car enfin que savons-nous si, à l'époque où nous sommes, le monde est jeune ou vieux ? Comment mesurerions-nous quelle distance nous sépare du point d'arrivée de l'humanité, nous qui n'avons pu même mesurer quelle distance nous sépare de son point de départ ? Fourier prétend que la période que nous traversons n'est qu'une phase de l'enfance du monde : est-ce vrai ? Tout ce qu'on peut dire, c'est qu'il y a eu des civilisations dont l'histoire a marqué l'adolescence, la virilité et le déclin. Les sociétés, en effet, se succèdent : là où l'une a trouvé sa tombe, l'autre arrange son berceau, et c'est de cette mélancolique série de grandes naissances et de grandes morts que la vie du genre humain se compose.

Or, trois grands noms dominent l'histoire : Moïse, Jupiter, le Christ ; et trois grandes sociétés la remplissent :

la société juive, la société païenne, la société chrétienne.

Et comme chacune d'elles a eu son enfance, sa virilité, sa vieillesse, nous devons retrouver dans chacune d'elles :

L'ODE, expression de l'âme humaine, alors que les relations sociales ne sont pas encore assez étendues pour distraire l'homme de la contemplation de la nature.

L'ÉPOPÉE, expression de l'esprit humain, alors que les rapports de peuple à peuple ont fait naître des évènements dont le citoyen aime à se rendre compte.

LE DRAME, expression du cœur et de l'esprit humains, alors que les liens sociaux sont assez fortement noués pour que tous les membres de ces grandes familles appelées nations éprouvent le besoin et goûtent le plaisir de penser et de sentir en commun.

Ce qui est lyrique, ce n'est donc pas l'enfance du genre humain, que nous ne connaissons pas, mais c'est l'enfance de chacune des sociétés dont l'histoire nous a transmis l'acte de naissance et le testament. Ce qui est épique, c'est la virilité de chacune de ces sociétés. Ce qui est dramatique, c'est leur vieillesse. Aussi, dans la société juive, trouvons-nous successivement l'ode, l'épopée, le drame, ou la Genèse, le livre des Rois, le livre de Job; dans la société païenne, Pindare, Homère, Aristophane; dans la société chrétienne, les premiers Troubadours, Milton, Shakspeare

Maintenant, ne serait-ce pas s'exposer à d'étranges erreurs de fait que d'appliquer à l'ensemble du genre humain ce qui était applicable à chacune de ses parties? Appellerons-nous dramatiques, par exemple, les temps modernes, ceux qui partent de l'ère chrétienne? Mais quoi! le livre de Job n'appartient donc pas à la poésie dramatique? Et quel rang assignerons-nous à Eschyle? Et comment considérerons-nous Aristophane? On répondra peut-être que la tragédie antique avait les caractères de l'épopée, parce qu'elle puisait aux mêmes sources que l'épopée ses sujets et ses personnages. Mais qui ne voit que la différence de l'épopée au drame consiste surtout dans la forme?

Quand il arrive à un littérateur (et cela est arrivé fréquemment de nos jours) de construire sur le même plan un roman et un drame, l'accusera-t-on d'avoir fait deux romans, parce qu'il a traduit sur la scène la pensée et les personnages de son livre? Qu'on ne dise pas que l'importance de la forme est ici secondaire : ici elle est considérable; elle est aussi grande que la distance qui sépare l'influence du récit d'avec celle de l'action, aussi grande que la différence qui existe entre une impression individuelle et une impression collective. Comparera-t-on la puissance des rapsodes chantant les vers d'Homère dans les fêtes domestiques ou dans les carrefours, à celle des acteurs déclamant les vers d'Eschyle sur un théatre immense et en présence d'une immense foule?

Ceci entendu, quelques mots sur la fameuse théorie du contraste. Elle consiste à dire : le type du sublime représente l'âme, le type du grotesque représente la bête humaine; gardez-vous de séparer ces deux types, car alors il vous resterait quelque chose à représenter : l'homme; quelque chose à faire : le drame.

Remarquons d'abord que s'il est vrai que la nature humaine est multiple, il ne l'est pas moins que ses manifestations sont simples le plus souvent. Dans l'écrivain dont je lis le livre, ce qui me frappe, c'est tout simplement une manifestation de sa nature intellectuelle et morale. Dans l'histrion qui déploie sa force musculaire sur la place publique, ce que je remarque, c'est seulement la manifestation de sa nature corporelle. Pour que le premier agisse sur moi, est-il nécessaire que je lui demande quel fardeau ses bras soulèveraient? Pour que le second produise l'effet qu'il veut produire, irai-je l'interroger sur la mesure de son intelligence? L'homme est donc multiple; mais dans ses rapports avec les autres hommes toutes ses facultés n'entrent point en exercice à la fois. Et dès lors, pourquoi, dans toute action où on le place serait-il besoin de le montrer sous toutes ses faces? Lorsque, voulant faire un drame avec la grande figure historique de Cromwell, vous vous croyez obligé de le montrer tour à tour dans l'éclat de son génie et dans la trivialité basse de quelques unes de ses habitudes, vous faites de l'histoire assurément ; mais du drame, j'en doute ; car, à ce compte, pourquoi ne vous contenteriez-vous pas de lire devant la foule assemblée la biographie de Cromwell ?

Pour bien comprendre le sens et la portée de cette observation, il faudrait se demander à quoi bon le drame. Si nous arrivons à savoir quel doit être son but, nous saurons bientôt quelle doit être sa nature. Le but du drame doit-il être l'enseignement par le plaisir ? La question alors me paraît bien simple à résoudre. Ayant à faire un drame, je ne prendrai de Tartufe que son hypocrisie, de Figaro que sa malice intelligente, de Macbeth que l'énergie de l'organisation vaincue par la puissance des remords, selon que mon but d'enseignement aura été de draper l'hypocrisie de l'individu, de ruiner les institutions vicieuses de la société, ou de décréter le sublime code pénal de la conscience.

Et notez que ce but, je l'atteindrai d'autant plus sûrement que j'aurai moins visé à rendre mes personnages complets en les rendant divers.

Puisque le bon et le mauvais se mêlent dans la nature, puisqu'il n'y a pas de fripon qui n'ait des qualités louables, Molière aurait pu nous montrer dans Tartufe l'hypocrisie tempérée par quelque élan de compassion, combattue par quelque inspiration d'humanité ; il aurait pu nous fair entrevoir l'âme à travers la bête humaine. Mais croit-on que l'effet eût été aussi puissant? Le contraste aurait-il valu, comme instruction, cette écrasante unité qui dans la pièce de Molière fait de l'hypocrisie le résumé fatal, inévitable, de tous les vices : de la cruauté, de la cupidité, de l'ingratitude?

On a beaucoup parlé d'unité d'action, d'unité de temps, d'unité de lieu : pourquoi n'a-t-on rien dit de l'unité d'impression? Au lieu de chercher toujours l'unité sur la scène, pourquoi ne l'a-t-on pas cherchée dans la salle? Il me semble que c'était là l'essentiel. Sans unité d'impression, pas de perception juste, pas d'émotions fortes.

L'homme qui chante faux est celui qui a une oreille plus faible que l'autre. Cette différence lui fournit deux perceptions, et il en résulte chez lui un sentiment confus de la musique.

Lorsque vous augmentez artificiellement, au moyen d'une lorgnette, la force de l'œil droit, vous fermez l'œil gauche, parce que l'inégale puissance de ces deux organes détruirait en vous toute unité et, par suite, toute justesse de perception.

A Dieu ne plaise qu'on chasse le grotesque du domaine

de l'art! Méphistophélès a sa valeur poétique comme Manfred, Brid'oison figure utilement à côté de Figaro, et peut-être Diderot n'a-t-il pas tout à fait tort quand il voit une plus grande preuve de génie dans la création de Pourceaugnac que dans celle de Tartufe. Mais quelle est la question? De savoir si, sous prétexte de faire entrer dans le drame tout ce qui est dans la vie, on doit mêler obscurément toutes choses et ne jeter dans l'âme du spectateur qu'incertitude et confusion. Les joutes oratoires et les scènes de batelage sont également dans la vie ; et cependant, encore tout pénétré des accents d'un Mirabeau, vous assisterez malaisément aux farces d'un Galimafré. S'il en est autrement, vous pouvez avoir entendu Mirabeau, mais je jure que vous ne l'avez pas compris.

Est-ce à dire qu'on doive nier ou négliger les puissants effets du contraste? Non certes. Le contraste est un élément essentiel de la poésie et de l'art; mais c'est à condition qu'on l'emploiera de manière, non pas à multiplier les impressions, mais à rendre, tout au contraire, plus énergique celle qu'il importe au but de l'œuvre qu'on produise. Triboulet, par exemple, rit devant François 1er : seul, il est triste et il pleure. Ici le contraste est employé d'une manière admirable. Pourquoi ? parce que c'est dans cette atroce immolation de l'individu à la condition, de l'homme qui a un cœur à l'homme qui égaye un roi, que consiste l'idée principale, l'idée mère du drame. Aussi l'unité d'impression est-elle ici parfaitement ménagée ; et cela est si vrai, que les bons mots de Triboulet nous paraissent encore plus poignants que ses pleurs. Non : sans unité, pas de drame véritable. L'unité est la loi des combinaisons dramatiques, comme l'attraction est la loi des corps. Quant au contraste, ce n'est qu'un ressort dans le drame, ressort précieux sans doute et important, mais seulement lorsqu'on le fait servir à rendre l'unité d'impression plus entraînante, plus vive, plus féconde.

Toutefois, cette remarque perdrait beaucoup de son importance dans la théorie de l'art pour l'art; mais cette théorie est-elle la vraie ? Ne tendrait-elle pas à enlever à l'art toute faculté créatrice? Devons-nous crier à la poésie : « Viens, ce que je veux de toi, cette nuit, c'est le plaisir; mais tu ne porteras rien dans tes flancs; sois courtisane : tu ne dois pas être mère ? »

Il n'est pas donné à tous, je le sais, d'agir au moyen de l'art sur la société et de s'emparer par lui du gouvernement des âmes. Il ne faut pas demander au pinceau, naturellement gracieux et tendre de Claude Lorrain, d'entretenir dans les croyances populaires ces terreurs catholiques dont le pinceau de Michel-Ange posséda si bien le secret. Il ne faut pas dédaigner Pétrarque, parce qu'il adressait des sonnets à Laure, au lieu d'appeler, comme Dante dans sa Divine Comédie, l'unité impériale au secours de l'Italie en proie aux factions. Chacun doit-être vu et apprécié dans sa sphère. Mais il importe de tenir compte des résultats en fait d'art, de ne pas mettre Laïs au même rang que Platon, de ne pas suspendre la lyre d'Anacréon, qui énerve les âmes, à côté de celle de Tyrtée, qui sauve les peuples.

Maintenant, qu'on nous permette d'essayer, nous aussi, d'une synthèse littéraire, et de prouver par l'histoire que la littérature doit aboutir à un enseignement, et à un enseignement démocratique.

Naître, croître, décroître, mourir, cette loi gouverne les individus : elle gouverne aussi les sociétés. Eh bien ! à chacun des âges de la vie des peuples correspond, non pas seulement une forme de poésie; mais, ce qui est bien plus digne de remarque, un sentiment poétique.

Quand une société commence, l'homme, faiblement distrait par des relations encore peu nombreuses et peu compliquées, s'abandonne tout entier à la contemplation de la nature et en salue avec émotion le mystérieux créateur. La poésie alors est religieuse.

Dans la jeunesse des peuples, la science politique est peu de chose ; la puissance individuelle est tout.

Subjugué par les hommes dont il ressent les bienfaits ou subit l'empire, le peuple, dans son ignorance, leur prête volontiers des qualités surnaturelles. Dans sa pensée, qui s'ouvre de toutes parts au merveilleux, les héros ont des proportions surhumaines. La poésie qui naît de cette disposition des esprits est amoureuse du merveilleux, ou fantastique.

A mesure que les préoccupations de la vie sociale deviennent plus vives et plus complexes, la nature perd beaucoup de sa puissance sur les imaginations et les âmes. La science vient donner aux hommes, avec le désir de tout savoir, celui de tout expliquer. Ce désir est le commencement du scepticisme, parce qu'il nous conduit à refuser notre croyance à tout ce que nous ne pouvons comprendre. D'un autre côté, dans cette société qui s'est agrandie, les individus ont été rapetissés. Le faible est porté à se venger, par le sarcasme, du fort dont la supériorité pèse toujours sur lui, après avoir cessé de l'éblouir. La littérature ici devient sceptique et railleuse.

Mais la raillerie et le scepticisme sont de terribles dissolvants. Minée par eux, la société bientôt s'ébranle, des chocs redoutables ont lieu, des convulsions mortelles éclatent. Puis, lorsque la mêlée des révolutions a pris fin, les âmes lassées ou épouvantées se replient sur elles-mêmes; elles cherchent le repos dans l'isolement. D'amer et de triomphant qu'il était, le scepticisme devient solitaire, rêveur et triste; et la littérature en reçoit une profonde empreinte d'individualisme et de mélancolie.

Il faut pourtant relever ces ruines. Et comment? La secousse donnée aux pouvoirs individuels a été trop grande pour qu'ils revivent. La société n'a plus foi dans tel ou tel de ses membres : elle ne peut plus avoir foi qu'en elle-même, c'est-à-dire dans sa puissance collective, collectivement exercée. De là une littérature sociale et démocratique.

La justesse de ces déductions sera-t-elle contestée? Voici nos preuves : ce sont des faits.

Interrogez l'histoire littéraire de la civilisation païenne. La littérature est religieuse dans Orphée, faisant servir la poésie à l'institution des mystères de Bacchus et de Cérès Eleusine. Elle est fantastique dans Homère, faisant fuir toute une armée devant le panache qui s'agite sur le casque d'un homme; et dans Eschyle, élevant au niveau des dieux les héros de sa tragédie des Sept contre Thèbes. Elle est sceptique et railleuse dans Lucrèce, ce chantre inexorable du néant, et dans Aristophane, tournant tout en ridicule, les puissances humaines et les puissances divines : Cléon, par la comédie des chevaliers; Hercule et Jupiter, par la comédie des Nuées. Elle est individualiste et mélancolique, après les horribles luttes de Sylla et de Marius, dans Horace, dans Virgile, dans Catulle, poëtes qui portent jusque dans leur sensualisme le sentiment d'une tristesse ineffable.

> Vivamus, mea Lesbia, atque amemus ;
> Rumoresque senum severiorum
> Omnes unius æstimemus assis.
> Soles occidere et redire possunt ;

Nobis, cum semel occidit brevis lux,
Nox est perpetua una dormienda.
Da mi basia mille (1)

Enfin, elle a quelque chose de profondément social et démocratique dans Lucain, écrivant la poétique histoire des luttes où avait succombé la vieille liberté romaine, et divinisant Caton, irréconciliable ennemi de la grandeur de César,

Mais voici que le monde romain est envahi par le christianisme. Julien, blessé dans un combat, meurt en lançant au ciel le sang qui coule de sa blessure et s'écrie : Galiléen, tu as vaincu! C'est le paganisme qui avoue sa défaite : nous entrons dans une civilisation nouvelle. Eh bien! vous allez voir la littérature recommencer la carrière qu'elle vient de parcourir, avec quelques différences notables pourtant; car un siècle ne vient pas sans ajouter quelque chose de lui au siècle qui s'en est allé.

Le sentiment d'une dévotion superstitieuse domine avec l'amour du merveilleux dans toutes les productions qui appartiennent à la poésie chevaleresque. C'est l'enchanteur Merlin; ce sont les étonnants chevaliers de la Table ronde; ce sont les fabuleux exploits du Cid; ce sont les îles fantastiques et les palais magiques du roman de Brut; c'est Ro-

(1) «Vivons, ma Lesbie; aimons. Estimons au prix d'une obole tous les murmures des vieillards grondeurs. Les soleils meurent: ils peuvent renaître. Nous, lorsqu'une fois notre vie s'est éteinte, nous avons une éternelle nuit à dormir. Donne-moi mille baisers. »

Quelle profondeur de sentiment! Comme ces quelques vers sont admirables de tendresse, d'abattement et de rêverie!

land à Ronceveaux sonnant du cor de manière à faire parvenir le son jusqu'à Saint-Jean-Pied-de-Port ; c'est, en un mot, avec plus de naïveté et moins de grandeur, tout le merveilleux de la poésie d'Homère. La littérature des premiers troubadours emploie volontiers les êtres mystérieux ; elle donne aux êtres réels de surprenantes proportions ; elle fait à peu près de Roland ce que la poésie païenne avait fait d'Hercule, et d'Amadis ce que l'imagination populaire avait fait de Thésée. Pourquoi pas? Hercule et Thésée n'avaient-ils pas eu pour mission, comme les héros des romans de chevalerie, de faire la police d'une civilisation imparfaite; et y aurait-il trop de bizarrerie à dire qu'Hercule et Thésée, parcourant les chemins de la Grèce pour les purger de brigands, n'avaient été, au fond, que les chevaliers errants du paganisme ?

Au XIIIe siècle, les hérésies ont déjà germé en foule dans le champ vaste du christianisme ; l'esprit de controverse agite déjà fortement les intelligences ; le scepticisme commence : bientôt il sera passé tout entier dans la littérature, d'abord si dévote, si révérencieuse, si fantastique des troubadours. Écoutez Thibaut, comte de Champagne, jugeant la croisade contre les Albigeois :

> Ce est des clercs qui ont laissé sermons
> Pour guerroyer et pour tuer les gens :
> Jamais en dieu ne fust tels homs créants.
> Notre chief fait tous les membres doloir.

C'est le prélude des attaques qui vont être dirigées contre la papauté. Pour savoir jusqu'où allaient déjà, à cette époque, les hardiesses de la littérature, il suffit de lire le chant de Sordello, cité par M. Villemain :

« Je veux d'un cœur triste et marri plaindre le seigneur de Blacas. Le dommage est si grand que je n'ai pas soupçon qu'il se répare jamais, à moins qu'on ne lui arrache le cœur, et qu'on ne le fasse manger à ces barons qui vivent sans cœur, et alors ils en auront beaucoup. . . . . .
. . . .
Et le roi de Castille, il convient qu'il en mange pour deux, car il tient deux royaumes, il n'est pas assez preux pour un seul ; mais s'il en veut manger, il faut qu'il en mange en cachette, car si sa mère le savait elle le battrait de verges, etc. »

Tous les rois sont ainsi passés en revue. Aristophane avait assurément plus de goût que Sordello, mais non plus d'audace.

Le Dante paraît. Il ouvre les portes de son enfer, et il y montre en proie aux châtiments les plus cruels . . . . . qui ? les grands, les rois, les papes ; rien n'échappe aux morsures de cette poésie vengeresse. L'église de Rome et ses scandales y sont dénoncés avec une véhémence que, plus tard, ne surpassera point Luther. Du reste, l'attaque ne porte encore que sur les personnes : elle va porter sur les principes. Bocace lance son Decameron, livre étincelant de malice et d'ironie. Lisez l'histoire de cet hypocrite qui, après sa mort fait tout autant de miracles qu'un autre saint : nous voilà loin déjà des légendes pieuses ! Le rôle agressif de l'Italien Bocace est continué par l'anglais Chaucer, et Chaucer ne s'en prend plus à Rome seulement : il s'attaque à l'institution de la chevalerie, c'est-à-dire, à ce qui constitue la gloire du moyen-âge. Chaucer prépare Cervantès, comme l'auteur du roman de la *Rose,* Jean de Meung, prépare Rabelais. Parlerai-je des *Essais* de Montaigne, dictés par un scepticisme plein de clairvoyance, si prudent et si fin? Parlerai-je de la *satire Ménippée,* ce cri terrible poussé au milieu du cliquetis des armes, et du *Paradis perdu,* cette gigantesque épopée d'une insurrection gigantesque? Parlerai-je du formidable *Dictionnaire* de Bayle, et de tant d'écrits, — tous marqués au coin d'une impitoyable agression, — qui naquirent du protestantisme? Ce mouvement, que servirent, en Angleterre, par un penchant décidé à la satire : Dryden, dans *Absalon et Achitepel;* Swift, le Rabelais anglais, dans les *Voyages de Gulliver;* Addison, dans maint numéro du *Spectator;* Congrève, dans ses Comédies; Pope, dans la *Dunciade;* Samuel Johnson, dans sa satire de Londres; Goldsmith lui-même dans le *Vicaire de Wakefield,* chef-d'œuvre dont l'intention ironique n'est qu'à demi voilée par un ton de bienveillance enjouée conforme au caractère de l'auteur, ce mouvement menait droit à Voltaire, et a été continué jusque dans notre siècle par tout un essaim d'humoristes anglais, tels que Shéridan, Coleridge, Lamb, Sydney Smith, etc....

En France, toutefois, la littérature, surtout la littérature dramatique, se montre sous le règne de Louis XIV, fort peu agressive. Corneille se borne à développer des caractères, Racine à analyser des passions, Molière à peindre des ridicules et des vices. Au génie de Corneille, on doit Nicomède ; à celui de Racine, Hermione ; à celui de Molière, Arnolphe. Mais c'est toujours l'individu considéré dans ses rapports avec l'individu, non dans ses rapports avec la société.

C'est dans le 18e siècle seulement qu'on voit poindre une théorie nouvelle. Diderot se demande si l'on ne pourrait pas tirer de puissants effets dramatiques de l'analyse des influences qu'exerce sur l'homme sa condition sociale. Là-dessus, le voilà qui écrit le *Fils naturel* et le *Père de famille*. Ce n'est pas encore une révolution dramatique, mais c'en est le commencement. De l'appréciation des influences qui découlent d'une condition donnée à celle des influences qui dérivent de l'ensemble des institutions sociales, il n'y a qu'un pas. Diderot annonce Beaumarchais.

Aussi bien, l'attaque s'est ouverte sur toute la ligne. C'est à peine s'il est possible de compter toutes les flèches sorties du carquois d'Arouet. Par d'Holbach, Roux, Boulanger, Helvétius, les Encyclopédistes enfin, tout est examiné, discuté, disséqué, mis en question. Jean Jacques Rousseau, dont ce triomphe de la négation étonne le génie affirmatif et qui s'inquiète de ce qui sortira de ces ruines, est condamné aux tourments d'une gloire solitaire et raillée. Il n'y a presque rien qu'une grande guerre, une guerre d'extermination entre la *Religieuse* de Diderot et la *Pucelle* de Voltaire.

Bientôt parurent des hommes forts ; bientôt éclatèrent

des évènements féconds et terribles. Justice fut faite des corruptions monarchiques et cléricales. Le vieux monde s'écroulait. Quelle littérature naquit de là? Vous le savez, ô Byron, vous qui avez placé au sommet des Alpes ce Manfred inconsolé, ce Prométhée moderne, éternellement déchiré par le vautour de la science. Vous le savez aussi, vous, Goethe, qui avez comme suspendu Werther sur l'abîme mystérieux, insondable, de la rêverie! Et vous aussi, Chateaubriand, lorsque vous avez mis sur les lèvres de René ces paroles si simplement et si profondément mélancoliques : « Nous avions un peu de tristesse au fond du cœur; nous tenions cela de Dieu et de notre mère. » Vague des passions, désenchantement, mélancolie contemplative ou sombre, scepticisme fatigué de lui-même ou transformé en religiosité morbide, aspirations vers un idéal fantastique et obscur, voilà de quels éléments se compose le sentiment qui naquit du spectacle de notre grande révolution bouleversant tout — hommes et choses — et du premier Empire couvrant le monde de ruines sous lesquelles il devait être enseveli.

Ce sentiment oppressait le cœur de Sénancourt, lorsqu'il écrivit *Obermann*; il assombrissait l'esprit d'Ugo Foscolo, lorsqu'il composa son *chant des tombeaux* et traça les *Dernières lettres de Jacques Ortis*. C'est ce sentiment qui donne un accent si désespéré aux cris de *Lélia*, et un accent à la fois si nouveau, si intime, d'une tristesse si pénétrante, à la poésie française, dans les *Méditations* de Lamartine. Apre chez ceux-là, tendre chez ceux-ci, mais chez les uns comme chez les autres, aisément reconnaissable, il apparait dans *Rolla* et les *Confessions d'un enfant du siècle*, d'Alfred de Musset; dans *Marion Delorme*, de Victor Hugo; dans *Antony*, d'Alexandre Dumas; dans les *Poésies de Joseph Delorme*, de Sainte-Beuve ; dans *Gertrude d'Wyoning*, de Thomas Campbell; dans les *Ballades lyriques* de Wordsworth, le chef de l'école méditative des lacs ; dans les *Mélodies Irlandaises* de Moore. C'est de son influence que relève la mélancolie mystique d'Alfred de Vigny, l'amer génie de Tackeray, et le génie, plus amer encore, de Henri Heine. Et de quelle empreinte brûlante ne marque-t-il pas, en ce moment, les œuvres de ce Swinburne qui, sous plus d'un rapport, est à Edgard de Poë ce que Tennyson est à Lamartine !

Elle passera cependant, à son tour, pour faire place à une littérature plus amie des grandes réalités, plus vivante, plus virile, cette littérature intime, personnelle, désenchantée, qu'enfantèrent les émotions et la lassitude d'une génération qui s'en va. Cela est si vrai, qu'on commence aujourd'hui à ne plus bien comprendre ce qui était savouré avec délices il y a quelque quarante ou cinquante ans. Il semble que la clef des admirations d'alors ait été égarée. Le désespoir de *Werther*, les tristesses de *René, Lara, Obermann*, ont cessé de répondre aux tendances d'une époque active, que l'industrie agite, que l'amour de la science possède, qui a soif de liberté, et qu'un inapaisable désir de régénération tourmente, — de cette époque que Balzac, l'observateur incomparable, a peinte sous ses aspects les plus divers avec tant de puissance, et dont M. Sardou, dans la *Famille Benoîton*, nous présentait naguère le tableau.... qui, heureusement, n'est qu'un bien petit coin du tableau. A une pareille époque, ce qui semble convenir, c'est une littérature dont le caractère soit démocratique et social. Elle n'a pas manqué de précurseurs, cette littérature : témoin, Schiller, Alfiéri, Shelley. Après 1815, Casimir Delavigne dut à la muse des hommes libres les accents qui réchauffèrent et animèrent sa poésie classique. Dès 1830, Sainte-Beuve, devenu depuis le grand critique et le grand portraitiste qu'on connaît, invitait le romantisme « à rayonner le sentiment de l'humanité progressive. » Ai-je besoin de dire avec qu'elle éloquence admirable et qu'elle magie de style, les aspirations démocratiques et sociales de George Sand se sont fait jour dans la *Comtesse de Rudolstadt*, dans le *Compagnon du tour de France*, dans le *Meunier d'Angibault*, dans le *Péché de Monsieur Antoine ?* N'y avait-il rien de changé dans l'atmosphère que respirait Béranger, lorsqu'il passait de la chanson du *Dieu des bonnes gens* à celle du *Vieux Vagabond* et à celle des *Fous ?* N'y avait-il rien qui annonçât une ère nouvelle dans la transformation d'Eugène Sue, prenant la plume qui avait écrit *Plick et Plock*, pour écrire les *Mystères de Paris ?* Et les *Misérables !* Et les *Travailleurs de la Mer !* qui ne sait à quel genre d'inspirations elles se rapportent, ces créations merveilleuses d'un génie si fécond en merveilles ? *Ango*, *Riche et Pauvre*, le *Chiffonnier*, la **Dame aux Camélias**, sont autant de drames où le désir d'une régénération sociale est plus ou moins vivement accusé. Edgar Quinet, Delatouche, Félix Pyat, Auguste Luchet, Emile Souvestre, Philarète Chasles, Mallefille, les deux Dumas, et bien d'autres vaillants esprits, appartiennent tous, plus ou moins directement, en France, à cette école aux aspirations socialistes ou démocratiques que représentent, sous des aspects divers, Charles Dickens en Angleterre, Freiligrath en Allemagne, Longfellow en Amérique.

Quant à la littérature historique; on a tout dit sur la nature de ses tendances actuelles, quand on a nommé Michelet, Bancroft, Henri Martin, Jules Claretie, Ernest Hamel.

Je ne pousserai pas plus loin le développement de ma pensée : ce qui précède suffit pour l'expliquer.

Du reste — qu'on le remarque bien — dans cette revue rapide, partant incomplète, des différents âges de la littérature, je n'ai en aucune façon prétendu poser des règles absolues, tracer des lignes de démarcation inflexibles. C'est le caractère *général* du sentiment qui correspond à chaque âge littéraire que j'ai essayé de déterminer, rien de plus. Chaque âge littéraire, en effet, fournit son contingent d'hommes d'élite sur qui n'a pas agi l'influence du milieu environnant, soit qu'ils aient devancé leur époque ou se soient laissé devancer par elle. Thomas Gray, par exemple, publiait dès 1751 une élégie qu'on croirait lui avoir été inspirée par la muse moderne des *Méditations*. Cowper, en plein dix-huitième siècle, s'affranchissait des formes purement artificielles et du style convenu, cherchait dans la poésie l'expression naïve d'émotions toutes personnelles, et commençait à distance une révolution littéraire qui ne devait s'accomplir que de notre temps. Burns, le premier des poëtes écossais, ne saurait être assurément classé, en ce qui touche le sentiment inspirateur de ses œuvres, parmi les auteurs de son époque, lui dont on a dit avec raison que son génie naquit sur les montagnes de l'Écosse aussi naturellement que la bruyère qui les couvre. Walter Scott, qui a su si bien s'identifier avec l'esprit des vieilles légendes et dont le génie tient de l'antiquaire autant que du romancier, semble être de chacune des époques qu'il a fait revivre. Fénimore Cooper, qui n'a excellé que dans la peinture de la vie indienne et le récit des aventures maritimes, veut être mis à part. Dans quelle catégorie ranger Prosper Mérimée, que ne peut réclamer, de nos jours, ni l'école de la littérature personnelle, sentimentale et intime, ni celle de la littérature démocratique ? Il serait facile de multiplier les exemples.

Ajoutez à cela qu'il est des écrits qui ont plus d'un reflet, quelques-uns qui les ont tous. Swinburne appartient à la fois aux deux écoles que je viens de nommer. Shakespeare — et je n'hésite pas à mettre à côté de lui Victor Hugo — se détache de toutes les époques, parce qu'il les domine toutes. Comment assigner le caractère particulier de cette poésie omnisciente, vaste creuset où sont venues se mêler, se fondre et bouillonner toutes les choses de la vie ? Quoi de plus voluptueusement mélancolique que la création de Juliette ? Quoi de plus gai que la création de Falstaff ? Quoi de plus sombre que les créations d'Hamlet et de Macbeth ? Quoi de plus philosophiquement démocratique que la création du roi Lear ? Shakespeare, immortelle exception à toutes les règles, est contemporain de tous les âges.

IV

SOUVENIRS D'UN TOURISTE.

Fécamp, son Abbaye,

ET LA RELIQUE DU PRÉCIEUX SANG,

PAR

HENRI TESTARD.

SOUVENIRS D'UN TOURISTE.

Fécamp, son Abbaye,

ET LA RELIQUE DU PRÉCIEUX SANG.

> La religion gagnerait beaucoup à se renfermer dans le cercle du dogme primitif, et à rejeter, comme dangereux et coupable, ces miracles de mauvais aloi qui, tout en ayant la prétention d'abattre l'incrédulité, ne réusissent qu'à lui fournir de nouvelles armes.
> Gaston Lavalley; *Aurélien.*

La plupart d'entre vous sans doute ont déjà mainte et mainte fois entendu raconter l'anecdote de ce jeune et excentrique touriste qui, arrivant un jour à Blois, eut la mauvaise fortune de rencontrer une hôtesse à la chevelure rouge, à l'humeur massacrante, au caractère violent, hargneux et emporté; et qui, en partant, s'empressa de coucher sur son carnet de voyage ce petit jugement plus original que flatteur : « Toutes les femmes de Blois sont rouges, acerbes, acariâtres ».

Au lieu de Blois, mettons Fécamp ; arrondissons un peu les angles par trop aigus du jugement de notre superficiel observateur, et nous pourrons nous faire une idée assez exacte de l'impression première qu'éprouve le voyageur, en arrivant à l'ancienne capitale, triste et mal bâtie, du pays de Caux.

Je n'irai point toutefois jusqu'à dire que les femmes y sont rousses et acariâtres. Loin de moi certes une pareille idée. Je ne me permettrai pas non plus de répéter ici ce que j'ai souvent entendu dire tout bas, et que Lépech de la Cloture n'a pas craint de dire tout haut, à savoir que peu de femmes y montrent de belles dents. Ce serait là de ma part une indiscrétion par trop malveillante, et que ne me pardonneraient jamais les filles d'Ève cauchoises. Je me bornerai donc à leur adresser, en passant, un tout petit reproche. Et ce reproche, c'est d'avoir substitué ces je ne sais quoi enrubannés que les journaux de modes sont convenus d'appeler bonnets ou chapeaux, à leurs belles et riches coiffures d'autrefois qui, ornées comme elles l'étaient de paillettes resplendissantes et de dentelles de prix, rappelaient assez bien le hennin gracieux du temps de Charles VI, et leur avaient valu de la part de nos galants grands-pères le surnom de Géorgiennes de la France (1) — Mais hélas ! que les

---

(1) Les femmes de la Géorgie ont de tous temps été célèbres par la fraîcheur de leur teint et leur beauté parfaite.

temps sont changés! Je crois même — je n'en demande point pardon à mes gracieuses lectrices, car, j'en suis convaincu, le nom que je vais prononcer ne saurait en aucune manière les atteindre — je crois, dis-je, qu'elle y trouverait aujourd'hui de nombreuses et de fidèles disciples, cette célèbre Madame Rachel, si habile, vous le savez,

A réparer des ans l'irréparable outrage!

Cependant quelque terribles qu'aient pu être les invasions de la mode et des goûts bizarres du jour, les habitants de cette petite ville — elle en compte à peine 10,000 — ne semblent pas avoir complètement perdu les principaux traits qui caractérisaient leurs glorieux ancêtres. Je veux dire: l'amabilité, la finesse, l'intelligence, — une intelligence alerte et vive —, la passion du commerce, et, comme conséquence presque inévitable, l'humeur fort processive. Ils sont même assez naturellement rusés, narquois, et — passez-moi le mot, malgré sa trivialité — goguenards.

Tous ces Normands voulaient se divertir de nous, dit le Petit-Jean des *Plaideurs,* ce chef-d'œuvre comique où tous les personnages, depuis Dandin, « *ce Caton de Basse-Normandie* », jusqu'à Chicaneau, l'Intimé, la Comtesse, sont autant de types immortels, gravés au burin de cet amour insensé de la chicane. « *A Normand, Normand et demi,* » dit un vieux dicton populaire, bien des fois aussi appliqué aux *Normands* des bords de la Dordogne. Et cet autre: « *Madré comme un Normand!* »

Et que l'on ne vienne point ici m'accuser d'assombrir à

plaisir les couleurs du tableau. Car je pourrais aisément invoquer à l'appui de mon dire les observations fines et piquantes d'un bonhomme de Normandie, moraliste quelquefois, et philosophe à ses moments perdus. Écoutez plutôt. Je lui cède avec plaisir la parole.

« Le monde entier, dit-il (1), sait que la franchise n'est
« pas la vertu familière du Normand. Il y a longtemps qu'on
« lui impute le défaut de ne pouvoir dire ni oui, ni non, ni
« nenni. Si vous demandez à un paysan cauchois, par exem-
« ple, comment il trouve telle denrée, tel objet quelconque,
« d'une qualité vraiment supérieure, constamment il répon-
« dra par cette phrase très équivoque : ce n'est pas mauvais.
« Jamais vous ne pourrez lui arracher un véritable éloge,
« comme s'il y eût du danger pour lui à laisser échapper
« son secret contentement, même dans une affaire où ses
« intérêts ne sont pas en jeu.

« Jamais le paysan cauchois n'ira directement à son but ;
« ne traitera franchement une affaire. Vous le verrez tou-
« jours biaiser, prendre un long détour, sonder le terrain
« avec précaution pour ne pas s'aventurer ; enfin, n'aborder
« le sujet qui l'amène, qu'après avoir épuisé tous les moyens
« de vous mettre sur la voie d'entamer, vous le premier, la
« question qui l'intéresse et à laquelle il vous laissait venir
« si patiemment, si cauteleusement.

(1) *Revue rétrospective*, par E. de la Querière ; Rouen, 1853. Cité d'après l'auteur des *Causeries sur Fécamp*, etc., page 43.

« Pour tout dire, ce manége n'est pas seulement employé
» par des esprits incultes : il est dans les allures, dans les
» habitudes du pays et de la province en général. Aussi les
» normands passent-ils, à juste titre, pour des gens très fins,
» très habiles et très subtils à l'endroit de leurs intérêts... »

Quant à la ville elle-même dont je parle, chacun veut y avoir une maison entière à soi, comme un palladium inviolable, un *home*-forteresse, dont il n'accorde l'entrée qu'à quelques privilégiés. « Rarement deux familles peuvent y vivre en bon accord sous le même toit : la vie est murée, les rapports peu fréquents ; il y a enfin sur la ville comme un reflet des habitudes monastiques ».

Que voilà bien de quoi faire bondir d'aise ce bon et craintif Monsieur Guilloutet, bien digne assurément de vivre en cet heureux pays, s'il n'avait mieux aimé aller aux pieds des Pyrennées abriter les mystères de sa vie privée derrière les murs d'un château silencieux !

Fécamp, sur l'origine de laquelle l'archéologie — « cette manie qui aide les vieillards à se croire vivants » — a bâti des montagnes d'hypothèses aussi fragiles que singulières, est un port de mer fort commerçant en cuir, dentelles et toiles siamoises, en même temps qu'un établissement de bains peu fréquenté. Son nom qui vient du latin *Fiscanum*, *Fici campus*, ou, en langage moins barbare, *Champ du figuier*, ne se trouve mentionné dans aucun auteur latin ni par aucun géographe ancien. César, — Diodore de Sicile, — — Antonin, — Tacite, — Pline, — Strabon, — Julien, —

e tutti quanti, n'ont pas l'air le moins du monde de soupçonner l'existence de ce petit port de mer et ne soufflent pas mot à son endroit. Ce qui n'empêche pas que, en dépit ou plutôt à cause de ce silence général et significatif, un illustre savant — illustre et savant, puisqu'il était membre actif de plusieurs académies parlantes et silencieuses — s'est empressé de conclure que César, ce grand pourfendeur des temps anciens, avait dû venir, fuyant la renommée qui s'attachait obstinément à ses pas, se reposer de ses sanglants triomphes dans les murs de cette placide cité. — Je regrette, à ce sujet, que son auguste historien, plus auguste qu'habile, n'ait pas crû devoir éclaircir ce point obscur de la vie de ce grand capitaine.

Néanmoins, malgré son commerce relativement assez étendu, ses riches entrepôts et ses vastes chantiers de construction, cette petite ville est en quelque sorte aujourd'hui perdue sur les côtes humides et froides de la Normandie. C'est à peine si chaque année quelques baigneurs mélancoliques vont s'égarer dans ses rues à l'aspect triste et monotone.

« Il y a bien, m'écrivait l'été dernier une jeune dame, il
» y a bien çà et là quelque brin de beau monde qui descend
» parfois à l'hôtel du Casino ; mais c'est là tout. Quant à la
» ville elle-même, réduite à ses propres ressources, elle en est
» encore aux rudiments de l'art. Vous pourrez du reste vous
» faire facilement une idée de sa rusticité antique et solen-
» nelle, lorsque je vous dirai que moi, telle que vous me con-

» naissez, j'y passe pour une élégante, et que mes toilettes,
» bien modestes cependant et point du tout tapageuses, y
» sont le sujet des commentaires du beau sexe de l'endroit ».

Je puis même ajouter que la *girl of the period*, nouvel oiseau de la famille des acéphales, d'importation toute récente et dificilement *domestiquable*, quoique tous ici nous la connaissions si bien, y est encore à peu près inconnue. Puisse-t-elle l'y être longtemps !

Avec un zèle et une patience dignes certainement d'un meilleur sort, l'intelligent directeur du *Casino*, magnifique établissement situé tous près des falaises et d'où l'œil peut embrasser un vaste horizon, emploie tous les moyens qu'est capable d'enfanter le cerveau productif d'un Normand pour rendre le séjour de son hôtel agréable à ses rares et *spleeniques* visiteurs. En vain met-il à leur disposition tout ce que peuvent désirer les curieux ou les désœuvrés : journaux, billards, pianos et jeux de toutes sortes ! En vain fait-il aux bals succéder les spectacles; aux spectacles, les concerts ! — Rien n'y fait. La fortune le fuit avec un front d'airain ; et ses riches et somptueux salons, livrés à leur désolante tristesse, ne raisonnent que des sons plaintifs de son orchestre. Ce n'est qu'à de longs intervalles que les visiteurs — *apparent rari nantes* — répondent à son généreux et patriotique appel.

Nous verrons plus tard comment ce fait n'a rien en lui-même qui nous doive surprendre.

L'origine de la ville, comme j'ai déjà eu l'honneur de

vous le dire, se perd en quelque sorte dans l'obscurité légendaire d'une nuit si profonde, que, pour votre repos et le mien, je me garderai bien de vous infliger le suplice de l'éclaircir avec moi. Vous pourriez, si je l'essayais, me dire avec beaucoup de raison : « Avocat, s'il vous plaît, remontez au déluge, et, de grâce, épargnez-nous un si fastidieux voyage ».

Ne craignez donc rien. Dussé-je être condamné à lire les poëmes impériaux de M. Belmontet, ou bien encore les cent et un romans jamais illustres et toujours illustrés, de l'inépuisable Ponson du Terrail, j'épargnerai charitablement votre bienveillante patience. Je veux pour le moment me borner à vous dire que, grâce à son ancienne abbaye, pompeusement appelée jadis la « *Porte du Ciel* » (1), et à son incomparable relique du précieux sang *"qui guérit de toutes sortes de maladies et préserve de beaucoup d'autres* (2)", Fécamp est avant tout, encore aujourd'hui, un lieu de pélerinage célèbre au loin par les cures miraculeuses qu'il n'a jamais faites, et l'objet de la béate vénération de milliers de fidèles dont rien, si ce n'est la profonde naïveté, ne saurait égaler l'enthousiasme et l'ardeur. Aux yeux même de quelques bonnes gens, ce pélerinage est ce qui constitue un des principaux titres de gloire de cette bonne et pieuse ville ; car, le supprimer, ce serait — nous dit-on naïvement —

---

(1) Voir la *Neustria Pia*, page 232.
(!) *Guide du voyageur à Fécamp*, par feu M. Germain.

« enlever le plus beau fleuron à sa couronne et la blesser dans ses intérêts les plus sacrés et, sans contredit, tout ensemble les plus chers et les plus positifs. » (1)

Mais avant d'aborder l'histoire fort intéressante, à divers points de vue, de cette relique et de l'abbaye où elle est si dévotement, d'aucuns diraient si fanatiquement, conservée, je désire vous dire quelques mots sur un petit pèlerinage qui se trouve à quelques centaines de mètres de Fécamp.

A côté de la ville, sur le sommet d'une colline — la côte de la Vierge —, aussi unie, aussi aride que peuvent l'être les discours d'un orateur du Gouvernement ou les articles du *Journal Officiel de l'Empire Français* et du *Constitutionnel*, son digne confrère, repose, mélancoliquement assis, un vieux monastère écrasé sous le poids des ans, et dont l'architecture est si austère, si laide et si lourde, que ses murailles, noircies par le temps, se confondent en quelque

---

(2) Préface d'une petite brochure imprimée au Havre (1868, 5ᵉ édition), et intitulée : « *La relique de Fécamp, Messes, litanies et histoire du Précieux Sang de N. S. Jésus-Christ*, suivies du récit de guérisons opérées récemment, même en 1867, à l'ancienne fontaine où aborda la souche du figuier renfermant cet incomparable trésor». — Cette brochure se vend à la source miraculeuse — « Ce petit livre, dit son auteur, ne convient pas seulement aux pèlerins de Fécamp, mais à toutes les personnes ; car il est très-propre à éclairer et à satisfaire leur dévotion envers le Précieux sang de Notre Seigneur Jésus-Christ, qui, d'après les paroles d'un envoyé céleste, préserve de tout malheur, comme le sang de l'Agneau Pascal, son symbole, préserva les Israélites des coups de l'ange exterminateur » — Ainsi soit-il !

sorte avec les roches grisâtres qui lui servent de base. Un petit sentier étroit, rapide, abrupt, taillé dans le roc et protégé seulement par un léger garde-fous — ce pauvre garde-fous, il a beaucoup à faire ! — conduit là haut à une modeste chapelle, construite, dit-on, au douzième siècle par un certain Baldwin, et aujourd'hui spécialement consacrée à la Vierge Marie, mère et patronne, comme chacun le sait, du matelot et des siens. — Cette chapelle est, chaque année, l'objet de nombreux pélerinages. Mais c'est surtout le vingt-cinq mars, jour *d'assemblée*, et le mardi qui suit la fête de la Trinité, qu'elle reçoit le plus grand nombre de visiteurs. Ce dernier pèlerinage s'est maintenu — si j'en crois du moins les moines chroniqueurs — en mémoire d'une épidémie dont les habitants d'Yvetot furent délivrés par la sainte et puissante intercession de Notre-Dame-de-Salut.

Au moment de l'orage, il n'est point rare de voir de pauvres femmes, veuves et mères en pleurs, gravir sur leurs genoux meurtris ce sentier difficile pour aller déposer leurs ferventes prières aux pieds de la mère de Jésus. Les grosses pierres plates et inégales qui en forment les marches sont en général couvertes d'inscriptions pieuses et de croix grossièrement taillées dans le roc, de la main même des pèlerins. — Les murs eux-mêmes de la chapelle sont quelquefois littéralement tapissés d'objets de toutes sortes, déposés là par de pieux matelots qui, battus par la tempête, avaient fait vœu de consacrer, s'ils échappaient à la fureur des vagues, quelques modestes offrandes à Marie, leur puissante protectrice.

Loin de moi certes la pensée de tourner en ridicule une pareille simplicité, un si aveugle fanatisme. Je suis le premier à respecter le pieux sentiment qui amène là, en des circonstances si solennelles, ces pauvres et crédules matelots. Mais, si je ne puis ni ne dois leur faire un crime de leur ignorance, je puis au moins les plaindre et éprouver à leur endroit une très-vive sympathie. Car, sous l'effet, il m'est facile de discerner la cause, et de faire remonter jusqu'à qui de droit, je veux dire les prêtres et les rois, leurs augustes complices, la terrible responsabilité d'un pareil état de choses, et d'une ignorance si grossière et si regrettable à tous égards.

Les prêtres et les rois, ai-je dit? — Ne me serais-je point trompé? — Ah! plût à Dieu qu'il en fût ainsi! Mais hélas! l'histoire que Voltaire, le monarchiste Voltaire, quoiqu'on en dise, appelait le livre des rois, et que j'aimerais mieux appeler l'Évangile politique et social des peuples, l'histoire, dis-je, est là qui ne prouve que trop bien la justesse de mon assertion.

En France, par exemple, que voyons-nous pendant les longs siècles d'abrutissement et d'obscurantisme du moyen-âge? — Le pauvre Jacques Bonhomme, qui n'en peut, mais, taillable et corvéable à merci, travailler nuit et jour — simple outillage de la glèbe — et suer sang et eau pour arriver à satisfaire la cupidité rapace du prêtre qui vient exiger sa dîme, en attendant que le fisc, la gabelle et les redevances de toute espèce lui enlèvent impitoyablement le reste, au nom et pour les menus plaisirs de son Seigneur, fidèle suzerain d'un monarque insatiable. Aussi, vous savez quels cris d'indignation sauvage poussèrent, comme autant de vautours, les têtes couronnées et les soldats mitrés du Pape, lorsque se leva radieux, en cette nuit épaisse, le soleil glorieux de la Réformation, et révéla, aux yeux de l'univers, les turpitudes et les mensonges de l'Église! Vous savez aussi quels moyens iniques et sanglants mirent aussitôt en œuvre le bras de l'Église et le bras séculier réunis, pour étouffer à son aurore cette trainée de lumière émancipatrice! Un moment hélas! leur but sembla atteint. Mais, calme trompeur! triomphe factice! La grande et puissante voix de 89, en sonnant le glas funèbre de la royauté et celui de l'empire du prêtre, fut comme un écho vengeur de la voix de Luther. Ah! c'est que la conscience humaine — cette affirmation divine des droits immortels et imprescriptibles de l'homme — peut bien, comme le bon Homère, dormir quelquefois, mais elle ne meurt jamais! Malheur donc aux insensés qui veulent l'étouffer et la faire taire! Aujourd'hui, elle semble morte, mais, prenez garde, demain elle se relèvera d'autant plus forte et plus puissante qu'elle aura été plus comprimée. Ses vengeances sont parfois terribles : 93 hélas! avec ses excès regrettables, n'est-il pas là pour le prouver? Un beau matin, alors qu'à la surface tout semble tranquille et prospère, que les courtisans rient, que leurs femmes chantent, que les rois s'amusent en leurs palais, le peuple lassé d'être une chose devient une âme, une conscience. Il se relève alors, proteste et secoue fièrement le joug avilissant que faisaient peser sur lui prêtres et rois. Puis après, plein d'une clémence généreuse, dont il ne faut peut-être pas lui faire un trop grand crime, il oublie ses ennemis de la veille qu'il croit avoir vaincus; il s'endort libre, et se réveille esclave. Les vaincus de la veille sont, une fois encore, les vainqueurs du lendemain.

Il a suffi d'un homme qui ne reculât devant rien, à l'audace indomptable, à la volonté d'airain, à la conscience morte, au cœur de pierre, à la main de fer; d'un homme enfin qui sût oser, pour que le lion, la chaîne au cou et les ongles rognées, ne fût bientôt plus, hélas! qu'un caniche docile! Et alors, dit en vers immortels, Auguste Barbier, le plus énergique de nos poëtes modernes,

>   Quand, ouvrant son œil jaune et remuant sa peau,
>   Le crin dur, il voulut, comme l'antique athlète,
>   Sur son col musculeux dresser sa large tête,
>   Et, les barbes au vent, le front échevelé,
>   Rugir en souverain, — il était muselé!

Et cependant, peut-on raisonnablement dire que les fautes du passé aient servi de leçon à ce peuple oublieux? Hélas! non. Arrive 1830: même relèvement, même chute. Ainsi de 1848. La République, trahie par ceux à qui elle s'était naïvement confiée, n'apparait que pour aller, de la manière que vous savez, s'abîmer quatre ans plus tard dans l'Empire.

Et que voyons-nous aujourd'hui? — Aujourd'hui, comme

alors, une légion de prêtres, ministres prétendus de cette religion d'amour, de liberté et d'affranchissement que le Christ est venu apporter au monde, et dont le principal article de foi se trouve résumé dans le précepte de l'apôtre : «Examinez toutes choses, et retenez ce qui est bon, » — une légion de prêtres, pour lesquels le fameux *ac cadaver* des Jésuites est le *nec plus ultra* de la béatitude, et dont tous les efforts depuis des siècles ne convergent que vers un but : abrutir le peuple, ou, tout au moins, le tenir dans un doux état d'ignorance qui le réduise en quelque sorte à l'état de chose, et leur permette de faire de lui un instrument servile qu'ils puissent manier à leur aise, comme le potier fait un bloc d'argile. Pour ces gens-là, la liberté politique n'est qu'une ilote, un paria dont on se doit garder comme d'une peste; la liberté de conscience, les droits de l'homme, le libre examen, autant d'hérésies funestes qu'en un jour de colère l'enfer aurait vomies sur notre monde sublunaire, et contre lesquelles par conséquent toutes les âmes bien pensantes et fidèles à l'enseignement de l'Église, leur sainte mère, doivent courageusement entreprendre une sainte croisade, la croisade noire, la croisade de la vérité contre l'erreur, la croisade de la lumière contre les ténèbres ! Ah ! nous les avons vus à l'œuvre, ces modernes Pierre l'Ermite d'un christianisme abâtardi et rapetissé à leur taille ! Nous les avons vus, et nous ne savons que trop ce dont ils sont capables. — Calomniez, calomniez, a-t-on dit, il en restera toujours quelque chose ! Abrutissons, abrutissons; disent ces dignes continuateurs du machiavélique fondateur de la Compagnie de Jésus, et nous en retirerons toujours quelque profit! — Leur but, hélas! n'a été que trop facilement atteint.

Leur tâche du reste a été d'autant plus aisée, qu'aujourd'hui comme autrefois, à peu d'exceptions près du moins, ces fervents apôtres du passé trouvent dans les potentats de la terre de puissants et de solides soutiens. Est-ce crainte? est-ce dévouement de la part de ces derniers? Je ne sais Mais le fait malheureusement n'en existe pas moins.

Aujourd'hui, en effet, comme après ces dates lumineuses que je citais tout à l'heure, la liberté vaincue n'est-elle pas proscrite? N'est-ce pas en vain qu'elle essaye de relever la tête? Une main inflexible n'est-elle pas toujours là qui, au moindre mouvement, lui serre la gorge, l'étreint et la baillonne, afin d'arrêter sur ses lèvres tremblantes toute parole émancipatrice? Car ce n'est pas la lumière qu'il leur faut, à eux, enfants de la nuit et des ténèbres! Comme à ces oiseaux de nuit — qui, bien mieux que tout autre oiseau, devraient être leur emblème — il leur faut les ténèbres et leurs facilesexploits.

Et maintenant, n'avais-je pas raison de dire que jusqu'ici le pauvre peuple a, par sa faute, gémi continuellement sous le joug de la servitude? Comme l'homme ivre de Luther, il ne se relève d'un côté que pour tomber de l'autre. Des bras de la monarchie à ceux du prêtre; des bras du prêtre à ceux de la monarchie : telle est, depuis des siècles, sa lamentable histoire. Toujours victime de l'un et de l'autre, il ne lui reste donc qu'une voie à choisir : c'est celle de la liberté.

Je vous demande pardon de cette longue digression, quoiqu'elle ne soit point, cependant, aussi étrangère à mon sujet qu'elle le pourrait paraître au premier abord, et je reviens à mes moutons, c'est-à-dire, à mon abbaye.

C'est au centre de la ville qu'elle se trouve. Comme la plupart des églises de l'époque Normande, son architecture est d'un style grave, sévère, imposant. Quelques-unes des parties du côté droit, comme la chapelle de la Vierge, sont de date plus récente, et portent, à ne s'y point tromper, des traces nombreuses de ce goût du détail et de l'ornement, qui, plus tard, devint si fort à la mode. Le portail a tout-à-fait le cachet du mauvais goût architectural du dix-huitième siècle. Tant il est vrai, comme le dit quelque part Théophile Gauthier, que plus une architecture, une joaillerie, une arme, datent d'une époque reculée, plus le goût en est parfait et le travail exquis. C'est ainsi, par exemple, que parmi les ornements dont ce portique est surchargé, j'ai remarqué quelques folâtres amours se livrant à des jeux prétendus innocents, pendant que d'autres, moins heureux sans doute ou plus graves, s'appuient majestueusement sur leurs perfides carquois, aux flèches acérées, leurs seules armes, comme aussi leur unique vêtement.

Sur la clef de voûte du portail, se lit cette inscription païenne : *Deo optimo maximo !*

Pris dans son ensemble, le monument, recouvert de plomb, a cent trente mètres de longueur sur vingt-trois de hauteur. En développant ainsi l'organisme des voûtes et consacrant aux colonnes et piliers qui les soutiennent le plus grand élancement possible, l'architecte a pu donner à l'aspect de l'édifice quelque chose de hardi et de grandiose. Aussi bien, « si nous pénétrons dans l'Église, nous dit le *Guide du touriste en Normandie*, la majestueuse étendue du chœur et les mystérieuses profondeurs des bas-côtés nous frappent, au premier abord, d'étonnement et d'admiration ». La nef est-elle même fort belle, mais les piliers intérieurs, coiffés de chapiteaux romains d'un ordre composite, participant tout à la fois de l'ordre ionique et de l'ordre corinthien, ne laissent pas que d'offrir à l'œil un aspect un peu lourd et même disgracieux. Je pourrais bien, si j'en avais le temps et surtout l'espace, énumérer, d'après le « *Thrésor de l'abbaye de Fécamp* », rédigé par un sacristain de la fin du XVIIe siècle, les nombreuses richesses en peintures, statues ou vitraux que possède cette église. Mais je dois me borner à n'en signaler que les plus remarquables.

Et tout d'abord, dans la chapelle de droite, parmi les quelques tableaux qu'elle renferme, pour la plupart recouverts d'une noble et vénérable poussière, vierge encore de tout contact profane, je remarque une représentation, grandeur naturelle, du « *trépassement de la Vierge.* » C'est un superbe groupe en pierre dont le moine Robert Chardon est l'auteur. Il a choisi pour son sujet le moment où, comme il est dit *es-chroniques de Jacques de Varagines* (1), « les apôtres venus sur des nuées entourent le lit sur lequel vient de rendre l'âme à son Dieu celle que toutes les générations diront bienheureuse. »

La fidélité des costumes est si peu observée, que la Vierge est vêtue comme si elle était morte dans les premières années du XVIe siècle.

Non loin de ce groupe, et dans une chapelle adjacente, celle des fonts baptismaux, s'élève un tabernacle légué à l'abbaye par Gilles Duremont, connu seulement dans l'histoire par la part inique qu'il prit au conseil des bourreaux qui condamnèrent la courageuse et héroïque Pucelle d'Orléans à être brûlée vive « comme mécréante et magicienne. » C'est là le tabernacle qui sert à recouvrir ce que la légende a consacré sous le nom de *Pas-de-l'Ange,* c'est-à-dire l'empreinte que, le jour de la dédicace de l'Église, laissa, sur un morceau de grès, un ange de six pieds de hauteur, subitement apparu aux fidèles émerveillés.

Je dois encore signaler le merveilleux ouvrage d'un pauvre menuisier dont l'histoire malheureusement ne nous a point, que je sache, conservé le nom. Je veux parler du *Christ voilé.* Le voile dont est couvert ce Christ est si merveilleusement exécuté, d'un fini, d'une transparence si

(1) Jacques de Varagines était un moine dominicain. Il naquit à Varaggio, en 1220, et mourut archevêque de Gênes, en 1298. Il consacra toute sa vie et travailla sans relâche à réformer les mœurs alors assez dissolues des moines et du clergé.

admirable, que l'œil peut contempler toutes les formes du corps sans perdre aucun détail anatomique.

Enfin, au milieu du chœur, un tabernacle en marble blanc, sur lequel est exposé à la pieuse vénération des fidèles la merveilleuse relique du précieux sang. En narrateur fidèle, je dois ajouter que la ville de Bruges dispute à Fécamp l'honneur de posséder ce précieux dépôt. Mais cela ne fait évidemment rien à l'affaire, puisque sans rougir, sans même être animées de la moindre jalousie l'une à l'égard de l'autre, nos deux reliques — ô puissance de la foi ! ô faiblesse de l'esprit humain ! — opèrent à qui mieux mieux des miracles sans fin. Il me semble, s'il m'en souvient bien, qu'il n'en était pas tout-à-fait ainsi entre oracles latins : ils ne pouvaient se regarder sans rire.

Décidément, l'astre jadis si brillant de la Salette est éclipsé par celui de Fécamp; et Jacob, Jacob lui-même, ce zouave incomparable, si terrible au chevet des malades qu'il ne l'est plus sur les champs de bataille, n'a qu'à se pendre maintenant, comme autrefois le brave Crillon : on a vaincu sans lui ! — Il est vrai que la chose était si facile !

Ici, nous rentrons en plein dans la légende. Ou plutôt, la légende et l'histoire sont si bien amalgamées, si bien fondues ensemble, qu'il est à peu près impossible de déterminer ce qui appartient à chacune d'elles. Jugez-en vous-même.

Jadis, la vallée de Fécamp, qui ne portait peut être pas encore ce nom, était déserte et seulement fréquentée par les ducs et seigneurs de la Normandie qui en faisaient leur rendez-vous de chasse. Un jour donc, sous le règne du bon roi Clotaire, un puissant Nemrod de l'époque, le vaillant Waninge, vint dans cette vallée célèbre se livrer à ses plaisirs favoris. Là, subitement atteint d'une grave maladie — les archéologues, si habiles et si perspicaces d'ordinaire, n'en ont pas encore déterminé la nature —, il fit vœu, si jamais il était guéri, d'ériger en cette plaine, une église à la sainte Trinité. Il consulta à ce sujet Saint Ouen, archevêque de Rouen, et Saint Vandrille, fondateur de l'abbaye de Fontenelle. Il fit même part de son projet au roi Clotaire, lequel n'hésita pas un instant à lui fournir les moyens de le mettre à exécution.

Grâce à la sainte intervention de la bienheureuse Eulalie, la Trinité complaisamment consentit à opérer un miracle en sa faveur. Aussi bien, fidèle à son vœu, Waninge construisit l'abbaye (1) promise et y plaça quelques religieuses sous la direction de la pieuse Childemarche venue tout exprès des bords de la Garonne, de Bordeaux, si je ne me trompe. Mais, hélas! à l'invasion des Normands, couvent et religieuses, tout disparut — et bien leur en prit — comme par enchantement. De peur même de tomber victimes de la fureur et des outrages des vainqueurs, ces jeunes vierges prirent l'héroïque résolution de se couper le nez et les seins,

---

(1) Le mot : abbé vient du syriaque *abba*, ou bien encore de l'hébreu *ab*, qui tous les deux veulent dire père. C'est le nom que porte le supérieur d'un couvent ou bien le chef d'un ordre monastique. De là le nom *d'abbaye*, donné au couvent où il réside.

afin de paraître difformes aux yeux des Normands et sauver par là leur vertu en danger (1).

Guillaume, dit Longue Épée, fit relever plus tard les murailles de ce sanctuaire en ruines, et y plaça des religieuses de l'ordre de St Benoit. Mais Richard 1er ne trouvant pas cet édifice assez grand en fit, d'après les premiers plans, élever un nouveau plus vaste et plus grandiose. Ce nouvel édifice ne tarda pas à devenir la proie des flammes. En 1150, l'abbé de Svilly le rebâtit à son tour. Et depuis lors, l'abbaye de Fécamp ne cessa de croître en splendeur et en réputation. Casimir de Pologne, si j'ai bonne mémoire, y vint même un jour échanger sa couronne royale et son sceptre d'or pour la simple couronne et la grossière souquenille des moines. A l'époque de la Révolution, l'abbaye de Fécamp eut le sort des autres monastères et fut emporté par la tourmente.

On s'est quelquefois demandé à ce sujet si la Révolution qui venait de proclamer au monde les grands principes de Liberté, d'Égalité et de Fraternité, ne mentait pas à elle-même et aux principes qu'elle défendait, en chassant indignement de son territoire, et en confisquant les biens de ces milliers de nonnes et de moines auxquels, disait-on, la religion devait tant. La réponse a été faite bien des fois, décisive, irréfutable. Il me semble donc presque inutile d'y revenir. Cependant pour ceux qui ne se sentiraient pas encore convaincus à cet égard, qu'il me soit permis de citer ici une

(1) Les chroniqueurs rapportent que le féroce Hasting les fit impitoyablement massacrer.

page de notre immortel poëte, Victor Hugo. Je l'emprunte à son admirable roman, *les Misérables* (Livr. VII, 2.), que tous vous connaissez sans doute.

« Au point de vue, dit-il, de l'histoire, de la raison et de
» la vérité, le monachisme est condamné.

» Les monastères, quand ils abondent chez une nation,
» sont des nœuds à la circulation, des établissements en-
» combrants, des antres de paresse, là où il faut des cen-
» tres de travail. Les communautés monastiques sont à la
» grande communauté sociale ce que le gui est au chêne,
» ce que la verrue est au corps humain. Leur prospérité et
» leur embonpoint sont l'appauvrissement du pays. Le ré-
» gime monacal, bon au début des civilisations, utile à pro-
» duire la réduction de la brutalité par le spirituel, est mau-
» vais à la virilité des peuples. En outre, lorsqu'il se relâ-
» che et qu'il entre dans sa période de dérèglement, comme
» il continue à donner l'exemple, il devient mauvais par
» toutes les raisons qui le faisaient salutaire dans sa période
» de pureté.

» Les claustrations ont fait leur temps. Les cloîtres, uti-
» les à la première éducation de la civilisation moderne,
» ont été gênants pour sa croissance et sont nuisibles à son
» développement. En tant qu'institution et que mode de
» formation pour l'homme, les monastères, bons au dixième
» siècle, discutables au XVe, sont détestables au XIXe. La
» lèpre monacale a presque rongé jusqu'au squelette deux
» admirables nations, l'Italie et l'Espagne, l'une la lumière,

» l'autre la splendeur de l'Europe pendant des siècles ; et, à
» l'époque où nous sommes, ces deux illustres peuples ne
» commencent à guérir que grâce à la saine et vigoureuse
» hygiène de 1789 ».

Depuis que ces nobles et éloquentes paroles ont été écrites, l'Italie et l'Espagne se sont relevées de leurs tombeaux. Elles n'étaient qu'une expression géographique, chacune d'elle est devenue un peuple. Comme autrefois les ossements épars et desséchés dans la funèbre plaine revinrent à la vie, à la parole divine de l'Éternel parlant par la bouche d'Ézéchiel, elles aussi, au souffle puissant et vivifiant de la liberté, ont enfin secoué les plis de leur suaire, et, jeunes encore, pleines de force et de vie, ont reconquis leur place au grand banquet des peuples. Et alors, quel a été le premier acte de leur virilité ? — L'Italie a décrété la liberté de conscience, fermé les monastères et proclamé leurs biens propriétés de l'État. L'Espagne, à peine réveillée, ne veut point rester en arrière : elle suit avec empressement le sage exemple de sa sœur. Toutes deux ont enfin compris ce que nous, enfants dégénérés de 89, semblons avoir oublié, c'est que là où domine le prêtre, la liberté succombe.

La révolution donc, quoiqu'on en dise, n'a été que logique et fort bien avisée en fermant les monastères. Sa mission était celle de l'éclaireur qui doit aller en avant pour écarter tout obstacle capable d'arrêter la marche ou de mettre en danger le salut de l'armée, et cette mission, elle ne pouvait pas ne pas l'accomplir.

Ceci dit, un mot sur la légende qui a trait à la relique du précieux sang, telle du moins qu'elle est conservée dans les archives du couvent.

Joseph d'Arimathée et Nicodème, disciples secrets de notre Sauveur Jésus-Christ que les Juifs venaient de livrer au supplice infâme de la croix, allèrent trouver Pilate, et lui demandèrent le corps de Jésus pour le mettre en un tombeau. Ce qu'ils obtinrent aisément. Cependant, Nicodème était allé, de nuit, au Calvaire, et avait religieusement enlevé le sang qui s'était figé autour des plaies des mains et des pieds du Sauveur. Il l'avait mis en son gant, et toute sa vie conservé avec respect et vénération. Mais un jour, sentant sa fin venir, et n'ayant point d'enfants à qui léguer ce saint dépôt, il appela son neveu Isaac et lui confia son secret, en même temps que le gant qui contenait le précieux trésor, lui disant : « Voilà le sang du vrai prophète Jésus que nos pères ont fait mourir injustement : gardez-le avec respect et rendez lui l'honneur et les adorations qui lui sont dus. Faisant ainsi, vous ne manquerez jamais de rien ! »

Isaac reçut donc le précieux trésor de la main de son oncle et le mit dans son coffre-fort. Il ne manquait pas de lui rendre ses hommages tous les jours. Aussi devint-il puissant et riche. Sa femme alors lui demanda comment en si peu de temps, il leur était venu tant de richesses. Il répondit que c'était un don de Dieu. De là, altercations et discussions de ménage fort vives, après lesquelles, Isaac, dont la lune de miel n'avait pas eu, paraît-il, autant de quartiers que le blason d'un baron Allemand, fut dénoncé aux Juifs comme idolâtre par sa femme elle-même, qui l'avait un jour trouvé à genoux devant le coffre-fort. Poursuivi alors, persécuté même par ses concitoyens, il fut obligé de fuir et de se cacher. Mais un jour, ayant appris, dans sa retraite, par une révélation divine, que Titus et Vespasien viendraient détruire Jérusalem avec plusieurs légions de soldats, il fit une boîte en plomb dans laquelle il mit le précieux sang de J.-C. Puis il pratiqua un trou dans le tronc d'un figuier qui était dans son jardin, et y renferma la boîte. A la suite d'une seconde révélation que les Romains mettraient tout à feu et à sang, il résolut de couper le figuier et d'en jeter la souche à la mer. Ce ne fut pas sans douleur qu'il effectua cette résolution. Cependant, ayant eu une troisième révélation, il entendit une voix qui lui dit : « N'ayez aucune crainte (1), le Précieux Sang que vous avez mis à la mer, abordera dans une province de la Gaule, et y sera adoré par de vrais chrétiens. »

Cette souche donc, ballotée par les flots, se trouva un heureux matin, je ne sais comment, échouée sur le rivage où se trouve aujourd'hui Fécamp.

Le hasard — décidément il fait de grandes choses — voulut qu'un certain Boyo, missionnaire chrétien, marié à

---

(1) On lit dans la notice de M. Morlent sur Fécamp, page 7 :
« Le bruit de la vision d'Isaac se répandit dans tout le pays ; il fut consigné dans les annales hébraïques, et c'est ainsi qu'il est parvenu dans le pays des Calètes ! » (voir aussi la *Neustria Pia*, chap. XV.) —

la gauloise, d'autres disent galloise, Merca, vit ce figuier, en coupa quelques branches et les planta en son jardin. Elles y crûrent bientôt et opérèrent de nombreux et de prodigieux miracles sur la personne de ceux qui venaient se reposer sous leur ombre bienfaisante.... (1).

Un jour, ou plutôt un soir, par une froide nuit de décembre, un pauvre pélerin vint frapper à la porte de Boyo, (Bozo?) et lui demanda l'hospitalité. La terre était couverte de neige, le vent froid au dehors, et la pluie tombait par torrents : cependant, point de feu dans l'âtre pour réchauffer les membres engourdis du pauvre voyageur. Heureusement les fils de Boyo — leur père était mort — songèrent à la souche du figuier qu'ils n'avaient jamais pu arracher par eux-mêmes. — « C'est là une peine bien inutile, leur dit Maria, leur mère. Vous savez bien, mes enfants, que votre père, malgré toute son industrie, n'a jamais pu en venir à bout ». Le pélerin, s'étant fait instruire, de ce dont il s'agissait, leur dit : « Nous irons demain avec un chariot et nous l'apporterons ici, si Dieu le permet » — Le lendemain donc ils sortirent et le pélerin avec eux. Grâce à ce dernier, la souche fut aisément déracinée. Ils la mirent sur le chariot. Mais après avoir fait quelques pas, quelle ne fut pas leur surprise de voir le chariot se briser, la souche elle-même voler en éclats, et laisser apparaître à leurs yeux étonnés la boîte merveilleuse. Le pélerin alors : « Cette boîte,

(1) Voir le poëme du P. Sang, p. 150, Leroux de Lincy, pag 22.

dit-il, contient le précieux sang de notre Seigneur Jésus-Christ. C'est ici qu'il doit être conservé à la postérité. Heureuse cette province, parce qu'elle possède le prix de la rédemption du monde ! » Puis, après avoir dit ces mots, assez mystérieux pour ses auditeurs, il disparut.

Le bruit de ce miracle, comme bien vous pouvez penser, se répandit par tout le pays, avec la rapidité de la foudre. Les grands de la province se réunirent, et, après avoir reconnu la vérité de ces paroles, décidèrent de faire bâtir en cet endroit une abbaye commémorative. Sous l'autel du St Sauveur, on plaça le précieux Sang. Mais cette église ayant été détruite par les païens, le Précieux Sang fut enseveli sous ses ruines.

Ce trésor divin resta ignoré encore bon nombre d'années, et ne fut découvert que par un singulier miracle. Des princes et seigneurs étant un jour à la chasse dans cette vallée, aperçurent un cerf blanc d'une grandeur prodigieuse, qui les conduisit à l'endroit même où était le Précieux Sang, et disparut aussitôt.

Tandis qu'ils regagnaient leurs demeures en réfléchissant à ce prodige étonnant, ils furent — les infortunés ! — attaqués par cinquante voleurs qui les massacrèrent tous en un instant. Un seul, en expirant, déclara le miracle dont il avait été témoin. Le duc Richard, en souvenir de cet évènement, fit rebâtir l'abbaye de Fécamp. Quelques temps après sa reconstruction, un ange de six pieds de hauteur apparut sur l'autel, prit le Précieux Sang qui était resté dans les décombres, et le porta sur le maître autel, en présence de toute l'assemblée, en disant : « Voici le prix de la rédemption du monde, qui vient de Jérusalem. Ceux qui porteront sur eux quelque chose ayant touché le Précieux Sang, seront préservés de tout malheur ».

Depuis lors, ce pélerinage n'a cessé de jouir d'une grande vénération parmi les fidèles. Si même nous en croyons la pieuse chronique à cet égard, des milliers de volumes ne suffiraient pas à raconter les innombrables miracles opérés en ce lieu par cette vénérable relique (1). Le clergé catholique a institué une messe spéciale, des litanies spéciales, des prières spéciales, des cérémonies spéciales, et pour chacune de ces dévotes spécialités une longue série d'indulgences. Chacun des pélerins doit réciter chaque matin certaines litanies où le Précieux Sang leur est offert comme « le gage de la nouvelle alliance, et celui de la vie éternelle ; le bain de leurs âmes et la piscine des languissants ; la source de toutes puretés et la fontaine de charité ; l'Océan de miséricordes et... etc., etc. »

— Puis, pour chaque litanie récitée avec zèle et ferveur,

(1) Voici, par exemple, ce qu'on lit dans Morlent, page 21 :
« On sait que la ville d'Yvetot ne fut délivrée d'une maladie contagieuse qui la décimait au commencement du XVIII⁰ siècle, qu'après avoir fait et accompli le vœu de se rendre processionnellement en pélerinage au Précieux Sang de Fécamp. Une confrérie fut instituée à Yvetot, en l'honneur de la cessation miraculeuse de cette épidémie.... »

une ordonnance de Pie VII, datée du 29 Mars 1817, leur accorde une indulgence de cents jours (1). Quant à ceux qui voudraient en outre réciter les sept offrandes du Précieux Sang, trois cents jours d'indulgence leur sont accordés. Enfin, une ordonnance du même pape, en date du 22 septembre 1817, gratifie d'une indulgence plénière les fidèles qui, « après les avoir récitées chaque jour pendant un mois, se confesseront et communieront le dernier jour du mois suivant, en priant aux intentions du chef de l'Église ». — Certes, en voilà plus qu'il n'en faut pour stimuler le zèle des plus froids, voire même des plus incrédules. Ce n'est point là tout cependant.

Le 7 Mai 1851, le *journal de Fécamp*, avec un air de pieuse componction, apportait au monde émerveillé des mystiques et des naïfs, cette lettre curieuse, certifiée véridique par plusieurs personnes notables de la ville, et légalisée par le maire, M. N. Cacheleu :

Doudeville, 6 Mai 1851.

Monsieur le Rédacteur,

Célina Barré ma fille, âgée de onze ans, était percluse des jambes depuis le milieu de novembre dernier

Le mardi de Pâques, 22 Avril, sa mère.... lui fait plonger les jambes dans l'eau de la fontaine du Précieux Sang (2). Après quelques minutes, ses jambes se délient.... Elle est montée à la chapelle de la Sainte Vierge, a traversé Fécamp à pied, et depuis ce moment elle court dans ma ferme.

Signé : BARRÉ.

(1) Voir le *Recueil des Scapulaires* par Guglielmi, pag. 349.
(2) Cette fontaine est située dans la propriété de M. Vandry, fondeur à Fécamp; elle est pour lui la source de gros bénéfices.

En Janvier 1864, le même miracle se produit en faveur de la jeune Palmyre Le Picard, âgée également de onze ans, et depuis longtemps frappée de la même infirmité que Célina Barré.

Le 18 Juillet 1866, c'est Mlle. J. Th... de Rouen, qui recouvre subitement la parole et la locomotion après neuf mois d'un mutisme absolu et d'une paralysie complète.

Enfin...... mais pourquoi multiplier les exemples? Je suis obligé d'en passer et des meilleurs. Quel ne serait pas en effet votre étonnement, si j'entreprenais d'énumérer devant vous les milliers de cures merveilleuses produites par ce sang précieux et l'eau qui depuis des siècles jaillit, sans s'épuiser jamais ni perdre de sa vertu, de l'endroit où Boyo trouva la souche du figuier! Qu'il me suffise de vous dire que de nos jours, la douce Revalescière du Barry, sous la sainte recommendation du St Père, est, je crois, seule capable de rivaliser en gloire et en puissance avec les reliques de l'abbaye de Fécamp.

Comme elle doit donc être fière, cette abbaye, de se voir ainsi l'unique gardienne d'un pareil trésor! Mais comme nous, hommes du XIXe siècle, enfants de la Réforme et du libre examen, en même temps que de la grande et immortelle Révolution de 89, nous nous sentons pris de pitié, nous dirions presque de désespoir si nous n'avions foi en l'avenir, en voyant, d'un côté, tant d'âmes crédules et ignorantes se laisser prendre à de pareilles jongleries et de si grossiers spectacles; et, de l'autre, tant d'hommes dont la mission ici-bas devrait être d'élever le cœur et l'intelligence de ceux qui leur sont confiés, recourir à de tels moyens et exploiter ainsi la crédulité publique, pour retenir les hommes sous leur joug énervant !

« La génération précédente aurait-elle donc emporté avec elle toute la sève du siècle, comme le demande M. Eugène Pelletan dans sa *Nouvelle Babylone* (pages 132-3), et la France doit-elle marquer le pas après avoir sonné la marche de l'esprit humain ? » — Serait-il donc vrai « qu'elle a donné la démission de son génie » et que, « comme dans ce monde la superstition remplace toujours la croyance, le génie démissionnaire a passé la parole d'abord à la table tournante, ensuite au médium, ensuite à l'esprit frappeur, ensuite au miracle ? »

Hélas ! oui, quelque pénible qu'en soit l'aveu, il en sera toujours de même, aussi longtemps du moins que chacun de nous, dans quelque sphère que la naissance ou l'éducation l'ait placé, ne prendra pas sérieusement à cœur sa mission ici-bas, et ne considérera pas comme un devoir, et un devoir impérieux, inéluctable, de réagir contre cette tendance mystique et semi-idolâtrique que l'Église Catholique semble surtout s'évertuer à développer en chacun de ses adeptes, pour la remplacer, cette tendance funeste, par les grandes et fécondes idées de Liberté ! Évangile ! Progrès !!

C'est qu'en effet, tout homme se compose de deux éléments bien distincts : la raison et le sentiment. La religion, qui n'est autre chose que la faiblesse et la misère de l'homme s'inclinant devant la puissance et la sainteté de Dieu, doit-être un composé harmonieux de ces deux éléments. Point de culte possible sans cet heureux accord. La première, la raison, livrée à elle-même et sans contrôle, au lieu de religion ne produit que la philosophie et les différents systèmes que vous savez. L'autre, le sentiment, ou, si vous aimez mieux, l'imagination, que les poëtes ont appelée avec beaucoup de raison la folle du logis, conduit l'homme à une sorte de sentimentalité, de religiosité vague et incertaine qui se confond bien vite avec le mysticisme, et produit, chez les uns, une sorte d'annihilation de soi-même, l'abrutissement en un mot; et chez les autres, une sorte de surexcitation nerveuse et hystérique dont l'histoire de l'Église au moyen-âge ne nous fournit que de trop tristes et de trop fréquents exemples. L'un et l'autre de ces états sont également dangereux. L'état normal ne peut exister que dans leur sage rapprochement. Et, s'il en était autrement, ce n'est pas seulement la religion qui aurait à y perdre, mais aussi la liberté. Oui, la liberté! car je ne crois point, et l'histoire tout entière est là qui vient à l'appui de mon dire, je ne crois point, dis-je, à l'existence d'une liberté forte, puissante et féconde pour un peuple chez lequel la crainte et l'amour de Dieu n'auraient pas droit de cité.

Cela est si vrai que, même au milieu des excès antireligieux auxquels il peut quelquefois se laisser aller dans les premiers moments de son enthousiasme et de son effervescence révolutionnaire, le peuple ne peut s'empêcher de reconnaître en Christ qui est le commencement, le milieu et la fin de cet Évangile, le premier et le plus sublime des défenseurs des droits de l'homme, de sa dignité et de sa liberté. Il sent qu'il ne peut aisément se passer de lui. Ou, s'il le fait, toute la faute et toute la responsabilité en doivent retomber sur ceux qui, au lieu de le lui faire connaître sous son vrai jour, ne le lui ont montré que voilé, affaibli, dénaturé.

Il me serait certes facile de citer plusieurs exemples à l'appui de cette assertion. Je n'en citerai qu'un seul cependant; mais il me paraît caractéristique.

A la prise des Tuileries, en cette mémorable journée du 24 février, le peuple trouva dans la chapelle un magnifique Christ sculpté. Il s'arrêta religieusement devant lui et salua. « Mes amis, dit alors un élève de l'École Polytechnique, voilà notre maître à tous ! » — Le peuple prit le Christ, et le porta solennellement à l'Église St Roch. «Citoyens, chapeau bas, saluez le Christ!» disait-on ; et chacun de s'incliner, muets et silencieux, dans une respectueuse sympathie.

C'est qu'au fond le Christ, ou ce qui est absolument la même chose, l'Évangile, mais l'Évangile accepté par la conscience et la raison individuelle de chacun, est ce qui constitue, sans contredit, le meilleur et le plus parfait des codes du progrès et de la liberté.

Je ne dirai donc point comme l'auteur de la brochure que je citais en commençant : « Honneur à vous que le souffle délétère du scepticisme n'empêche pas de venir ici de tous les points de l'horizon vénérer le prix de la rédemption du monde! » mais bien plutôt : Honneur à vous, hommes d'intelligence et de cœur, qui consacrez vos talents et vos veilles à combattre l'erreur partout où elle se trouve, dans le domaine de l'histoire, comme dans celui de la philosophie et de la religion, et qui cherchez avant toute chose à faire germer dans l'esprit de ceux dont vous vous êtes constitués les guides cette idée aussi éminemment philosophique que chrétienne : « Le culte que Dieu réclame de chacun de nous est un culte d'amour, et non un culte aveugle et inintelligent : il veut

que ceux qui l'adorent, l'adorent en esprit et en vérité. »
— Car, soyez en bien convaincus, tous ces « miracles de mauvais aloi », que vous voyez, comme par enchantement surgir de tous côtés, « tout en ayant la prétention d'abattre l'incrédulité, ne réusissent qu'à lui fournir de nouvelles armes ». —

IV

LE RÉVEIL D'UNE MOMIE

EN 1869,

PAR

E. CHÉRIFEL LA GRAVE.

LE RÉVEIL D'UNE MOMIE EN 1869.

—

Il y a quelques mois, me trouvant à Paris, j'étais allé un jour me promener dans ce beau jardin du Luxembourg où l'on peut encore trouver quelques recoins charmants, malgré les coups de pioche de M. Haussmann.

Pour un homme qui a vécu longtemps dans cette grande ville et qui a des relations, il est difficile de faire un pas en certains endroits sans se trouver face à face avec des connaissances ou même avec ce que l'on est convenu d'appeler des amis. Les boulevards, les Champs Élysées, le jardin des Tuileries, le bois de Boulogne sont des lieux mortels pour les hommes répandus. J'allais donc par goût dans les jardins les moins fréquentés pour y chercher la solitude et y jouir de moi-même loin des importuns.

Mais ce jour dont je parle, la fortune ne favorisa pas mes projets. A mon grand désappointement, je vis venir de loin un de ces amis dont je parlais tout à l'heure, spirite forcené, une pauvre tête par parenthèse et qui pour l'entêtement aurait rendu des points à tous les papes connus. Un spirite obstiné ! quelle perspective pour un homme qui voulait être seul ! Néanmoins, je fis bonne contenance et après avoir bien constaté l'impossibilité où j'étais de l'éviter, je m'avançai vers lui, le sourire sur les lèvres, la main prête, le corps incliné, en Français qui sait son monde.

Laissez-moi vous dire comment j'avais fait la connaissance de cet homme excellent quoique spirite. J'étais allé un jour chez Ledoyen, libraire du Palais Royal, qui publiait une brochure pour moi et, pendant que je lui parlais, mes yeux s'étaient portés sur un homme grand, sec, pâle, travaillé, c'était facile à voir, par une forte émotion intérieure, qui se tenait debout à côté de madame Ledoyen et me regardait avec cette persistance propre aux prestidigitateurs de toute sorte. Ce regard fixe me déplut. Sa voix me déplut bien davantage. Il avait étendu vers moi son bras qui n'en finissait pas et, tirant avec une lenteur calculée du fond de sa poitrine le son le plus creux qu'il y put trouver. Vous êtes *medium*, avait-il dit ! A quoi j'avais répondu vivement en copiant son geste et sa voix : vous êtes un imbécile. Redevenant naturel, il m'avait demandé pourquoi je l'avais appelé imbécile. Pourquoi m'avez-vous appelé médium, lui dis-je sur le même ton ? Henri Lasserre, qui entrait en ce moment, déclara que l'un valait l'autre et nous renvoya dos-à-dos chez Corazza où mon spirite évoqua des esprits du meilleur crû : genre d'évocation auquel je ne suis pas insensible.

Cette plaisanterie d'un goût douteux fut le point de départ d'une amitié sincère, quoique un peu orageuse. Tourmenté par ses esprits, il avait juré de me convertir à ses idées et, à vrai dire, il n'y réussissait guère. Je l'accablais du reste d'objections et de railleries auxquelles il ne semblait pas prendre garde, et chaque fois que nous étions en présence, nous recommencions ou plutôt il recommençait une lutte qui se terminait toujours de la même manière.

Tel était l'homme auquel je venais de serrer la main. Après les compliments d'usage, l'inévitable discussion avait commencé. Bien entendu, c'était lui qui avait ouvert le feu : « Vous avez beau dire, vous avez beau faire, » disait mon spirite, « vous y viendrez. La communication avec les esprits est une réalité ». — « Je n'en crois rien, » lui répondais-je, « vous vous faites très-certainement illusion, car je ne voudrais pas suspecter votre bonne foi. Du reste, en admettant pour un moment que cette communication fût possible, je voudrais bien savoir à quoi elle pourrait servir ? » — « Comment ? Vous ne voyez pas l'utilité que vous pouvez tirer d'un commerce de tous les instants avec les grands esprits qui ne sont plus ? Interroger Socrate ou Platon, consulter Aristote, Voltaire ou Rousseau, n'est-ce pas aller puiser la sagesse et la raison aux sources les plus pures ? » — « Mon cher ami, répliquais-je, ces grands hommes nous ont laissé leurs livres qu'ils avaient écrits dans la plénitude de leur génie et nous avons bien leur dernier mot. Si Dieu les a retirés à lui, c'est qu'ils n'avaient plus rien à faire parmi les hommes. Pourquoi les déranger maintenant qu'ils ont échappé aux mille petites misères de la vie ? Est-ce pour les récompenser de la peine qu'ils se sont donnée, quand ils étaient sur la terre ? Puisqu'ils sont morts, que ne les laissez-vous en repos ? Ils nous donneraient, dites-vous, de bons conseils ? Qu'en ferions-nous ? Ce ne sont ni les sages avis, ni les sévères préceptes qui nous manquent; c'est la volonté, c'est l'énergie pour le bien. Nous la donneraient-ils ! Et puis, que nous apprendraient-ils que nous ne sachions déjà ! N'avons-nous pas le code de morale qui remplace tous les codes, n'avons-nous pas pour maître *Celui* qui remplace tous les maîtres ! » — Je suis de votre avis en ceci, mais il y a des mots qui auraient leur poids dans la société actuelle. Il y a des aveux, des repentirs qui seraient bons à enregistrer. Pensez-vous que Tibère, sortant tout exprès de la tombe pour recommander la clémence, qu'il a si mal pratiquée de son vivant, Séjean la probité, Cicéron la modestie, Messaline la vertu, Caton le mépris de l'or, Brutus le respect de la vie humaine, Lucullus la tempérance, ne donneraient pas de bonnes leçons dont on pourrait tirer avantage ! » — « Ma foi, mon cher, je ne vois pas ce que cela pourrait faire. Ces regrets tardifs, ces repentirs posthumes des gens qui ont mal vécu n'empêcheraient ni les tyrans d'asservir les hommes, ni les ministres de voler le trésor, ni les orateurs d'être vains, ni les femmes d'être coquettes, ni les usuriers d'être rapaces, ni les républicains d'être inflexibles, ni les financiers d'être gourmands. Il n'y a pas voyez-vous, de pires sourds que ceux qui ne veulent pas entendre. »

Tout en parlant ainsi, nous étions sortis du jardin par la porte qui fait face à l'Odéon. Nous avions pris la rue de Vaugirard, puis à quelques pas, nous étions entrés dans la rue de Tournon, qui nous avait conduits dans la rue de Seine et nous nous étions trouvés sur le Pont des Arts, lui, dissertant toujours et moi, pensant au moyen de me débarraser de ses importunités.

Tout-à-coup, une idée lumineuse ou que je crus telle traversa mon esprit : je l'arrêtai au passage. Je crus avoir trouvé le moyen de reconquérir ma liberté. J'exprimai le plus naturellement du monde mon intention d'entrer dans les galeries du Louvre pour y étudier une figurine inscrite dans les vitrines sous le numéro 4002 et dont j'avais trouvé l'indication dans un mémoire lu quelques jours auparavant à l'Académie des sciences. Hélas ! mon spirite, loin de me dire adieu, comme je l'espérais, me suivit avec un empressement dont je ne soupçonnais pas alors toute la noirceur.

A peine fûmes-nous entrés que notre conversation se ralentit. Nous allions à travers tous ces vestiges d'une civilisation éteinte, moi rêveur, perdu dans la contemplation du passé, lui toujours en proie à ses hallucinations.

Tout-à-coup, je sentis une main qui pressait fortement mon bras. Dans la disposition d'esprit où j'étais et dans ce lieu, ce contact inattendu me fit tressaillir. Je me retournai vivement. C'était mon ami, mais dans quel état, mon Dieu! Cette marche à travers les tombeaux l'avait mis hors de lui. Son regard, d'ordinaire calme, s'allumait de tous les feux de la volonté. « Ami, » me dit-il, de cette voix forte que j'avais entendue le jour où il m'avait appelé medium, sa voix des grandes occasions, enfin, « le moment est venu : les esprits te réclament. Tu leur résisterais en vain, ô sceptique obstiné ! Faut-il, pour te convaincre, éveiller ces momies qui dorment depuis tant de siècles ? Je le puis ; dis seulement : je le veux. »

J'éclatai de rire, mais je ne sais trop pourquoi ; ce rire n'était pas franc. Il venait des nerfs. Je perdais évidemment du terrain. Mon incrédulité subissait peu à peu l'influence de cette foi imperturbable. En vain je voulais réagir, lutter : une invincible curiosité s'empara de moi et je dis avec une secrète impatience qui donnait à ma voix des inflexions ironiques : « Allons : il faut en finir : je le veux. »

Alors sans répondre, le spirite commença l'évocation. Tel devait apparaître Cagliostro devant la société française du dix-huitième siècle. Son visage avait pris une teinte jaune foncé. On aurait dit que la momie avait déteint sur lui. Il était d'une pâleur affreuse. La vie toutefois, qui semblait être suspendue partout ailleurs, se concentrait dans ses yeux enflammés, comme pour y rassembler toutes les forces créatrices. Il prononça quelques mots inintelligibles que je pris pour de l'Égyptien mais qui pouvaient tout aussi bien être du Chinois. J'attendais non sans anxiété et tout-à-coup il se fit comme un tressaillement dans le cénotaphe et un soupir étouffé m'annonça que la vie venait y remplacer la mort.

Je l'avoue en toute sincérité, un sentiment d'indicible effroi s'empara de moi. Je reculai involontairement et ce n'était pas sans raison, n'est-ce pas? En plein dix-neuvième siècle, quand on a fait des gorges chaudes du miracle de la Salette, du sang de S$_t$ Janvier, des cannes de Voltaire, des tabatières de Napoléon, qu'on a sifflé les Davenport, jeté des boulettes à la tête du décapité sur les boulevards, voir se produire à deux pas de soi une chose pareille, il y avait de quoi surprendre : aussi je restai anéanti.

— « Allons, » me dit mon spirite triomphant, « j'ai fait pour toi plus que ne font ordinairement les spirites. L'esprit de la momie est là : tu peux l'interroger : elle te répondra. Parle-lui sans crainte : c'est une momie qui a reçu de l'éducation. Pour moi, je ne veux point troubler un entretien si doux ; je vais chez Allan-Cardec où nous voulons évoquer l'ombre de Leprévost de Beaumont pour avoir des renseignements sur le pacte de famine. Adieu. »

Et mon spirite me planta là.

Tout le monde sait plus ou moins par expérience combien il est difficile d'engager la conversation avec quelqu'un qu'on ne connaît pas. Que dire! On ne voudrait pas passer pour un sot et l'on risque fort de l'être. Ne blessera-t-on pas les opinions, les sentiments de cet inconnu, si l'on parle littérature, politique, philosophie ou religion? Vous aimez Musset : il aime Lamartine. Vous êtes républicain : il est légitimiste. Vous admirez Kant : il raffole de Hegel. Vous voulez chasser le pape de Rome : il veut l'y maintenir. Parlera-t-on de la pluie et du beau temps? c'est un peu usé. Il y a bien l'actualité politique, mais on recule à bon droit devant le gouffre de la sixième chambre prêt à tout dévorer. On pourrait dire quelques mots du dernier bal et du dernier drame, mais la personne à qui vous vous adressez n'a peut-être vu ni l'un ni l'autre.

Cet embarras assez fréquent entre gens du même monde qui ont tant de points de contact, devient extrême, quand il s'agit d'un Français du dix-neuvième siècle et d'un Égyptien d'il y a trois mille ans.

Aussi, je pris tout le temps de la réflexion. Il faut, dit le sage, tourner sept fois sa langue dans sa bouche avant de parler. Mon amour-propre se retrancha très-volontiers derrière ce précepte prudent.

Mais à la longue ce silence devenait embarrassant. Il fallait, bon gré mal gré, se décider à quelque chose. Nous ne pouvions pas rester des heures entières en face l'un de l'autre sans mot dire, et évidemment c'était à moi de commencer. Qu'allait-il penser de moi, cet Égyptien? n'allait-il pas me prendre pour ce que je ne voulais pas être? Je me décidai enfin à rompre le silence et...... les premiers mots qui sortirent de ma bouche furent dignes de l'immortel Jocrisse.

— « Parles-tu le Français, » lui demandai-je?

Qu'avais-je dit et qu'allait-il me répondre, cet être mystérieux qui avait peut-être été de l'académie de Memphis? Je m'attendais à le voir rire : aussi jugez de ma surprise et de ma joie quand il me répondit gravement : — « oui, un peu : de mon temps on apprenait tant bien que mal les langues vivantes au collége et j'en ai retenu quelques mots. »

— « J'en suis enchanté, » lui dis-je. « De cette manière nous allons pouvoir nous entendre et il est bien heureux que tu aies appris notre langue, car nous autres, Français, nous ne nous gênons guère pour apprendre les langues des autres. »

— « Et qu'apprenez-vous donc? »

— « Oh! beaucoup de choses qui ne peuvent nous servir à rien et que nous nous empressons d'oublier dès que nous les avons apprises. On nous applique un système d'éducation, vieux de plusieurs siècles, qui a du bon, sans doute, comme tout ce qui dure longtemps, mais qui a le tort de nous faire vivre dans le passé, au détriment du présent, et de nous initier à des principes, à des mœurs, à des coutumes, d'un autre âge. On nous bourre de grec et de latin, qui ne se parlent plus, et nous ne savons pas un mot des langues de nos voisins qui nous seraient si utiles. Nous étudions des civilisations mortes et nous ne nous occupons pas des civilisations vivantes. Nous faisons nos délices de littératures qui reflètent des mœurs d'une autre époque et nous ne savons rien de celles de nos contemporains. Nous approfondissons des religions depuis longtemps disparues et nous connaissons à peine la nôtre. Il semble qu'on cherche à détourner nos regards du présent et de l'avenir pour les diriger vers le passé. Ce système énervant, créé par le despostime, adopté avec empressement par les jésuites, soutenu par la sénile obstination de quelques pédants irritables, s'est perpétué jusqu'à nous et triomphe des nécessités du temps : car ici ce qui a été est, ce qui est sera : tu es dans la terre promise de la routine. »

— « Tes critiques ne me surprennent pas. J'eusse été fort étonnée que tu fusses content de ce qui se passe chez toi. Il est de bon ton partout de se plaindre. Moi aussi, avant d'être emmaillotée comme tu me vois là, j'aimais à dire ma façon de penser sur les hommes et les choses de mon temps. Mais, je te préviens, les puissants du jour n'aiment pas qu'on se mêle de leurs affaires et l'on ne fait guère son chemin, quand on épilogue sur tout. »

— « Oui, je le sais, mais pour ne pas être fonctionnaire

j'ai épousé une femme riche et, chose rare, elle ne tient pas à ce que je sois décoré. »

— « On décore donc chez vous? De mon temps on décorait aussi et à propos de tout. Je ne sais plus quel roi de hasard (j'ai oublié les noms) avait même à tel point abusé des décorations qu'on ne disait plus, par exemple : Marcobis qui est décoré, mais bien, Marcobis, qui n'est pas décoré. Cela voulait dire à peu près infailliblement : homme droit, incapable de bassesse, intelligent et instruit. »

— « Il est bien singulier, » dis-je en souriant, « qu'à trois mille ans de distance les hommes aient si peu changé. »

— « Tu ne m'as pas encore dit où je suis. Je tiendrais pourtant à le savoir. »

— « Tu es à Paris. »

— « Qu'est-ce que Paris? Est-ce une ville aussi grande que Thèbes? Avez-vous une enceinte de dix lieues de tour? Avez-vous des temples comme ceux de Carnak et de Louqsor? Avez-vous des palais comme ceux de Memnon? Avez-vous des Obélisques et des Pyramides? avez-vous un fleuve fécondant qui puisse rivaliser avec le Nil? »

— « Non, chère momie, nous n'avons ni fleuve au limon fécondant, ni Pyramides, ni Obélisques, ni temples comme ceux de Carnak et de Louqsor, mais nous avons peut-être mieux que tout cela. »

— " Réellement? "

— " Oui, je le crois. Ce Paris où tu te réveilles est la merveille du monde moderne. Sur un espace relativement restreint, le peuple le plus sociable de la terre a réuni pour le plaisir des yeux et les besoins de l'esprit tout ce que la nature, le goût, l'art combinés peuvent produire de plus beau. Seulement, je te préviens, ce n'est pour le moment qu'un vaste monceau de ruines et il semble que tu sortes de ton long sommeil tout exprès pour voir surgir du milieu des décombres une ville complètement nouvelle. "

— " Tiens; c'est singulier. Y aurait-on mis le feu? "

— " On y a mis mieux que cela. "

— " Et quoi donc? "

— " Un homme qui à lui seul est le feu, le fer et l'eau tout ensemble. "

— " Tu m'intrigues. "

— " Je n'ai pas fini. N'aurais-tu pas vu là-bas un Empereur romain du nom d'Auguste, connu aussi sous le nom d'Octave, à la face pâle, au regard vague, au maintien incertain? "

— " Je crois qu'oui. Je l'ai vu en compagnie d'Horace et de Virgile qui lui disaient, si j'ai bonne mémoire, de dures vérités. "

— " Cela ne m'étonne pas. Ils lui avaient fait assez

d'éloges de son vivant, en leur qualité de poëtes officiels. Eh bien, cet empereur eut la manie des constructions et, ayant trouvé à son avènement au trône une ville de briques, il eut l'ambition de laisser après lui une ville de marbre. »

— « Je ne comprends pas très-bien ce que peut avoir à faire l'Empereur Auguste qui vivait, il y a si longtemps, avec la reconstruction de votre Paris moderne. »

— « Je voulais dire que ce caprice impérial, qui a coûté tant de coups de soleil aux maîtres du monde, a trouvé son pendant ici-même. »

— « Ici-même? »

— « Oui. L'histoire présente quelquefois de ces rapprochements étranges, incompréhensibles. »

— « Et n'est-ce réellement qu'un caprice ? »

— « Nous y trouverons peut-être autre chose. En général, les caprices des rois ont un but qui n'est pas toujours avouable ; mais ce but est enveloppé avec tant d'art que le vulgaire ne peut l'apercevoir tout d'abord. Quand Louis XIV bâtissait Versailles qui a été la plus ruineuse des prodigalités, était-ce un caprice, comme on l'a dit tant de fois? Non. Il y avait certes autre chose. Le grand roi redoutait Paris. Il le fuyait par peur de la Fronde : il voulait sauver la royauté des colères populaires. Aujourd'hui qu'on remanie de fond en comble une des plus grandes villes du monde, que pas une rue, pas une ruelle, pas un pont, pas une maison, pas un pan de mur ne trouve grâce devant la ligne droite, tu as peut-être raison de demander s'il n'y a pas en tout ceci autre chose qu'un caprice. Quelle transformation en effet, et comme le Paris d'aujourd'hui ressemble peu à celui d'hier! Si tu t'étais éveillée vingt ans plutôt dans cette ville ouverte maintenant au vent, au froid, à la pluie, au soleil, tu aurais vu une ville coquette, pittoresque, aux rues tortueuses, aux maisons sombres, construite siècle par siècle, roi par roi; la pensée de la France s'était manifestée partout et chaque pierre avait son histoire. C'est ainsi que les voies étroites et les édifices aux épaisses murailles s'expliquaient par les terreurs du bourgeois. Il se cachait du seigneur. L'air pourtant ne lui faisait pas défaut. S'il n'y en avait guère dehors, il y en avait beaucoup dans les salles spacieuses : on y pouvait respirer à pleins poumons ; tandis que maintenant, quand on veut prendre l'air, il faut courir à la fenêtre, les rues ayant pris tant de place qu'il en reste à peine pour les maisons. La poudre étant inventée! »

— « Qui l'a inventée? »

— « On ne le sait pas au juste, mais ce qu'il y a de certain, c'est que ce n'est pas moi. »

— « Je le crois, » répondit la momie.

Je regardai attentivement mon Égyptien pour sonder sa pensée, mais je vis bien qu'il n'avait mis aucune intention malicieuse dans sa réponse.

— « La poudre étant inventée, » continuai-je, « les conditions sociales changent. Le seigneur disparaît devant le premier coup de feu. Le bourgeois le remplace. Quant au peuple, il ne fait que changer de maîtres : seulement, la tyrannie s'est multipliée ; au lieu d'un, il en a mille. Alors le combat social se transforme. La lutte ne vient plus d'en haut, elle vient d'en bas. Le chevalier félon ne fait plus irruption dans la ville, mais en revanche le peuple écrasé ramasse dans sa fureur la première chose qui lui tombe sous la main. Cette première chose est un caillou. Il s'en fait une arme ou, pour être plus vrai, un rempart. Beaucoup de cailloux superposés font une barricade. Il fallait rendre la barricade impossible : c'était une question de vie ou de mort pour les classes moyennes et leurs chefs. C'est ce que l'on a essayé dans ces derniers temps, sans penser que les soulèvements populaires ne tiennent pas à quelques cailloux de plus ou de moins. »

La momie était devenue attentive. Elle cherchait où je voulais en venir.

— « Cette guerre entre les diverses classes ne date pas d'hier, » continuai-je. « Elle est aussi vieille que le monde ; esclaves, serfs, peuple, tous ont souffert ou souffrent. Le monde se divise en deux parties bien distinctes : l'enclume et le marteau : seulement n'est pas marteau qui veut. De loin en loin l'enclume se rue sur le marteau et lui rend en quelques heures autant de coups qu'elle en a reçus pendant des siècles, puis redevient passive. Les rois tiennent ordinairement le manche du marteau et ils en abusent. Cet Auguste dont je te parlais tout-à-l'heure fut un de ces marteaux recouverts de velours qui frappent incessamment et sans bruit. Je le vois d'ici, ce rusé, réunissant autour de lui, au lendemain de ses *victoires,* ses fidèles conseillers et causant familièrement avec eux de l'avenir de sa dynastie et de la solidité de son trône. «Mes amis,» dut-il dire, de ce ton doucereux qui a trompé son temps et la postérité : « nous voici au pouvoir. » — « Sire, ce n'a pas été sans peine. » — « La peine est peu de chose, quand on réussit, mais il ne suffit pas d'acquérir, il faut conserver, » — « Sire, c'est là la question. » — « Hélas ! oui. Avez-vous un plan ? » — Non, sire, nous avons compté sur vous. » — « Vous avez bien fait : j'en ai effectivement un. » — « Sire, il est excellent. » — «Sans doute, sans doute, mais vous le jugerez bien mieux, quand vous le connaîtrez.» — «Sire, nous sommes tout oreilles.» — «Eh bien mes amis, qu'avons-nous à craindre ? » — « Sire, tout ! » — « Mais plus particulièrement ? » — « Assurément, c'est Rome. » — « Vous avez mis le doigt dessus. Oui, c'est Rome, qui est à craindre par dessus tout. Tout vient de là, tout part de là. Qui a Rome a le monde. Il faut donc avoir Rome avec ses partis hostiles, Rome avec ses haines, Rome avec ses vertus, Rome avec ses vices, Rome avec ses soudaines tempêtes, Rome avec ses vanités offensées, Rome avec ses ambitions déçues. Que faut-il donc faire? Il faut nous emparer de la ville : il faut que nous puissions la tenir dans le creux de notre main : il faut l'inonder de police et de soldats, refouler les tribus turbulentes aux extrémités, en élargissant les voies au centre, disséminer les forces de l'ennemi et concentrer les nôtres. Que partout les rues soient droites, larges. Qu'elles s'entrecroisent à angles droits; qu'elles aillent aboutir à de vastes places qui seront comme des points de repère en temps de troubles. Qu'il y ait de bonnes casernes partout; que les têtes de ponts soient fortifiées; que mon palais lui-même soit jeté comme en un camp retranché. Cependant, que ces transformations se fassent peu à peu, à bâtons rompus, afin qu'on ne voie le plan que quand tout sera terminé. Que le peuple sourie aux vastes et somptueux monuments qui s'élèveront de toutes parts, qu'il aille bercer ses doux loisirs dans des jardins ravissants et qu'il ne soupçonne pas le piège. Si, pendant ce temps, nous achetons les consciences douteuses, si nous brisons celles que nous ne pouvons corrompre, si les poëtes couronnés de lauriers proclament mes bienfaits, chantent ma gloire, exaltent ma clémence; si les proscrits eux-mêmes amnistiés font oublier les proscrits morts et me saluent Empereur en leur nom et au nom de ceux qui ne sont plus, ne voyez-vous pas que la servitude universelle s'établira si bien qu'il faudra ensuite des siècles pour l'ébranler»? — «Sire, votre plan est admirable, dit Mécène, mais l'exécution présentera quelques difficultés. Il faudra de l'argent pour démolir la ville. Il en faudra pour la rebâtir. Il faudra de l'argent pour payer la louange des poëtes; il en faudra pour payer la police et les soldats; il en faudra pour stimuler le zèle des fonctionnaires; il en faudra pour payer le silence des victimes : il en faudra pour acheter tout ce qui est à vendre ; il en faudra aussi un peu pour nous, car nous ne voulons nous passer de rien. Cet argent, où le trouverez-vous? » «Où? vous demandez où? » — «Sans doute, sire. » — «Mais je le trouverai dans les poches de mes sujets présents et futurs. Vous établirez de nouveaux impôts, vous convertirez, vous battrez monnaie, vous engagerez les revenus de l'État pour des siècles, vous rétrécirerez les jardins publics, vous attirerez l'argent sous un prétexte ou sous un autre dans des caisses quelconques et quand il y sera, vous le garderez. Maintenant, allez : faites vos affaires et les miennes : j'ai dit. » — « Comprends-tu maintenant, chère momie, ce qu'il faut penser de ces caprices ruineux ? »

— « Oui, je comprends très-bien et tout ce que tu me dis là me donne envie de voir une ville qui ne le cède pas à cette Thèbes, la gloire de la vieille Égypte. Écoute : laisse-moi te suivre : sois généreux. Puisque par un pouvoir supérieur je sors de la tombe, que ma liberté d'un jour me serve à quelque chose. Ne me refuse pas. Je m'ennuie beaucoup ici. Si tu savais comme ces gardiens sont insipides ! Et puis, si jamais tu dors à ton tour pendant trois mille ans dans un coffre, tu sauras combien c'est fatigant à la fin ! Emmène-moi, afin que je puisse prendre un peu l'air. »

— « Je le veux bien : nous causerons tout à notre aise en nous promenant. Seulement, faisons bien nos conditions avant de sortir. Quand il s'agira de rentrer, tu ne te feras pas tirer l'oreille, n'est-ce pas ? »

— « Non, assurément ; que crains-tu ? »

— « C'est que tu as une valeur commerciale beaucoup plus importante que tu ne crois. Le gouvernement t'a achetée fort cher dans l'intérêt de la science et l'on pourrait me faire une mauvaise affaire, si l'on ne te retrouvait pas ici demain. Je vois déjà les gardiens qui me lancent des regards significatifs. Ils ont l'air de croire que je vais te mettre dans ma poche. »

— « Tranquillise-toi, je rentrerai. Nous autres momies nous savons ce que c'est que de rester fidèles au poste où l'on nous a mises. En Égypte, nous servions de gage et malheur au débiteur embarrassé qui ne pouvait dégager la momie de ses pères. Il était deshonoré et de plus à sa mort il n'était pas momifié. Telle que tu me vois, j'ai comme un vague souvenir d'avoir servi une quarantaine de fois de nantissement et je suis restée une fois trente-cinq ans dans l'arrière boutique d'un vieux juif de Thèbes, pour gage d'une somme minime que l'un de mes arrière-petits fils n'avait pu payer. »

— « Le prêt sur gage était donc connu de ton temps ? Et nous qui nous imaginions que le mont-de-piété était de création moderne ! »

— « Oh ! nous en savions peut-être sur bien des choses beaucoup plus long que vous ne croyez.

Cependant, nous avions choisi un moment où le gardien était dissimulé derrière un sphynx de première grandeur. Nous nous glissâmes sournoisement le long des cénotaphes et nous fûmes bientôt dans la cour de l'ancien Louvre.

— « Brouh ! il fait froid, » dit la momie, qui était habituée aux brûlantes haleines des vents africains et aux calorifères du palais.

— « Tu trouves ? »

— « Oui et je ne serais pas fâchée de me chauffer un peu. »

— « Tu te réchaufferas en marchant, » lui dis-je. « Maintenant, avant d'aller plus loin, comment t'appelles-tu ? Car il est bon que je sache à qui j'ai à faire. »

— « Je m'appelle Arménis, fils de Potosiris. »

— « Un très-joli nom ! Et quelle était ta profession de ton vivant ? »

— « Valet de chambre de Ramesès III. »

— « Eh ! c'était une assez jolie place. Sais-tu qu'encore aujourd'hui, chez nous, ces places de valets sont très-recherchées ? Ton maître était un puissant roi, à ce que j'ai entendu dire ! »

— « Ah ! mon ami, pour admirer les rois il ne faut pas les voir de près. Ce Ramesès qui a laissé tant de souvenirs de lui était bien le plus insupportable souverain qui se soit jamais assis sur un trône. « Arménis, » me dit-il un jour, pendant que je le rasais, « je m'ennuie ! que puis-je faire pour me distraire ? » — « Sire, passez une revue. » — « Merci, pour me faire assassiner. Cherche autre chose. » — « Vous pourriez faire venir votre ministre des affaires étrangères ? » — « Pourquoi faire ? » — « Pour parler politique. » — « Et tu trouves cela amusant, toi ? » — « Moi, non, sire, mais c'est peut-être parce que je suis un valet. » — « Valet ou non, c'est fort ennuyeux, je t'assure, cherche autre chose. » — « Il y a votre ministre de l'instruction publique qui vous a beaucoup amusé autrefois. » — « Oui, il m'a fait rire, quand il s'est vu ministre : il avait un air si piteux et si important tout à la fois ! maintenant il ne m'amuse plus ; au contraire. » — « Travaillez à votre histoire de Ramesès le Grand. « — « Ah ! j'en ai par dessus les épaules, et d'ailleurs, comment travaillerais-je, puisque je suis seul. » — « Vous pourriez peut-être faire venir Salomé : elle est étourdissante d'entrain et de gaîté. » — « Ah ! bien oui, pour me faire arracher les yeux par la reine ! Encore une fois, cherche autre chose. » — « Voulez-vous jouer aux dames ! » — « Non. » — « Aux échecs ? » « — Non. » — « A colin-maillard ? » — « Non. » — « Au billard ? » — « Non : rien de tout cela ; fais-moi une bosse. » — « Une bosse, sire ? » — « Oui, sans doute, une bosse. » — « Avec quoi ? » — « Avec tout ce que tu pourras trouver et, ne crains rien, nous rirons bien demain. » Les lois égyptiennes n'ayant pas prévu le cas où un roi aurait la fantaisie de se transformer en bossu, je fus forcé de me soumettre, et le lendemain tous les habitants de Thèbes étaient devenus bossus comme par enchantement. »

— « Très-joli, ma chère, » lui dis-je, « mais beaucoup

moins extraordinaire que tu ne crois : ces fantaisies royales et ces honteuses flatteries ne sont pas rares par le temps qui court et la bosse de ton maître aurait autant de succès aujourd'hui qu'elle en eut autrefois. »

Nous étions sortis du Louvre par la porte qui fait face au Pont des Arts et nous suivions lentement la Seine en aval, lorsque la momie s'arrêta.

— « Qu'est-ce que ce balcon étincelant de dorures, dit-elle, qui semble être conservé là comme un glorieux souvenir? »

— « Rien. »

— « Mais encore? »

— « Eh bien, c'est le balcon de Charles IX, un de nos rois qui, dans une nuit douloureuse, fit égorger quelques milliers de protestants, des insurgés, des révolutionnaires qui ne pouvaient rester un seul instant en repos et avec lesquels il fallait bien en finir une bonne fois, et l'on prétend que cet excellent homme, armé d'une arquebuse, tira du haut de ce balcon sur les malheureux qui essayaient de traverser la rivière à la nage, pour échapper au massacre. »

— « J'espère qu'on a refusé la sépulture à ce scélérat. En Égypte, nous eussions été impitoyables. »

— « Non, chère momie, on ne lui a pas refusé la sépulture. Nous ne la refusons à personne. Chez nous les morts, quels qu'ils soient, sont entourés d'une pieuse pitié et d'ailleurs, pourquoi l'aurions-nous privé de sépulture.

— « Pourquoi ? Mais il me semble que ce que tu me dis là ? .... »

— « Chère momie, je ne sais pas comment vous jugiez les rois en Égypte : ce que je sais, c'est que dans notre civilisation moderne, nous avons pour juger les grands et les petits, plusieurs poids et plusieurs mesures. Ce qui est criminel chez l'homme privé devient louable chez l'homme d'état. La théorie des deux morales est la base fondamentale sur laquelle repose la politique des nations modernes. Oui, il y a bien deux morales, pour ne pas dire davantage et, par une déplorable faiblesse les plus grands esprits se sont plu à les justifier. Que demain il me prenne envie, pour augmenter la somme de mes jouissances, de forcer une caisse, je serai infailliblement puni et ce sera bien fait. La société tout entière se lèvera contre moi pour me demander compte de mon crime et, en dedans de moi, une voix mystérieuse fera écho à l'indignation publique. Mais qu'un prince force les caisses du trésor public et fasse égorger des citoyens inoffensifs pour asseoir un pouvoir dont le besoin ne se faisait pas sentir, on le loue, on l'exalte et la loi muette le regarde faire. Quand il a laissé tomber de ses lèvres pâles le mot fatal : raison d'état, il a tout dit : il faut obéir. La police tremble, la justice hésite, le soldat tue, et nulle indignation, ni en dehors ni en dedans du coupable, ne s'élève contre cet odieux attentat. Vous seriez bien avisé vraiment de vous plaindre de je ne sais quelle misère, quand le salut de tout un peuple est en jeu. Et c'est ainsi que l'on a les massacres en masse, les nuits sanglantes, les dragonades, les cachots de la Bastille, les étouffements de Cayenne ; et la tradition s'est si bien conservée jusqu'à ce jour que si, en ce moment, je recevais en pleine poitrine quelques onces de plomb et que mon assassin prît la peine de me crier au même moment : « raison d'État, » je lui répondrais machinalement : « ah ! très-bien, c'est différent. »

— « Ce n'est pas gai, cela, et nous ne nous y serions guère habitués en Égypte. La haine publique aurait assurément armé un bras vengeur et nous n'eussions pas attendu la mort du tyran pour le juger et le punir. »

— « Ne parle pas de cela ici, chère momie, car pour nous, enfants de Christ, ce que tu sembles conseiller est le plus odieux des forfaits. En vain, l'antiquité nous a légué dans la pratique et dans la théorie ce triste héritage. En vain, Aristote a dit : il est plus glorieux de tuer un tyran qu'un voleur. En vain, par une inconséquence incompréhensible, l'histoire a amnistié les noms d'Harmodius, de Brutus, de Judith, de Charlotte Corday! en vain, l'université étourdie et frivole a exalté ces noms fameux devant la jeunesse; les enseignements de l'Homme-Dieu ont été plus puissants que les préceptes des philosophes et les maladresses de l'histoire. La peine de mort, autrefois glorifiée, se réfugie maintenant, honteuse et effrayée du grand jour, dans l'enceinte des prisons d'où elle ne tardera pas à disparaître, et quand la mort juridique elle-même épouvante l'humanité, comment pourrions-nous envisager sans frémir l'assassinat politique qui érige le premier venu en juge et en bourreau et en fait l'arbitre des destinées de tout un peuple? »

— « Mais alors, dit la momie, où est la sanction de la loi morale qui régit les princes? Je vois bien celle de la morale des petits mais, à dire le vrai, je ne vois pas du tout l'autre. Que vois-je? Un homme armé pour le mal, et tout un peuple desarmé pour la défense. »

Alors, je lui dis quatre-vingt-neuf, dix-huit-cent-trente, dix-huit-cent-quarante-huit, les colères du peuple, les ébranlements de la rue : je lui représentai cet hercule moderne étouffant les monstres dans ses bras nerveux et nettoyant ces écuries immondes d'Augias.

— « Ah! très-bien, je comprends, » murmura la momie.

Nous restâmes un moment silencieux. Nous étions

l'un et l'autre sous l'impression de ces souvenirs glorieux et terribles à la fois.

La momie rompit la première le silence. — « Qu'est-ce que ce monument aux teintes grisâtres, là-bas, de l'autre côté de la Seine et qui n'est pas du Paris moderne, je suppose ? »

— « C'est l'Institut, ma chère, où siège l'Académie française, une sorte de momie multiple. C'est là l'hôtel des Invalides de l'esprit. Dès qu'on entre là, on est un homme perdu. Ou plutôt on n'y entre que parce que l'on est un homme perdu. Si l'on ne meurt pas précisément à la vie de l'esprit le jour même, on est à-peu-près assuré de mourir le lendemain. L'air qu'on y respire frappe comme la foudre. Aussitôt que sur votre tête s'abaissent ces voûtes massives, que ce fauteuil traditionnel vous enlace de ses deux bras, vous vous sentez saisi par l'immobilité. Adieu l'effort, adieu le travail, adieu la pensée ! Les dieux devenus termes ne demeurent plus parmi nous. On les appelle immortels... »

— « Pourquoi cela ? »

— « Pure politesse. C'est pour les dédommager de leur mort anticipée. Le palais, soit dit en passant, fut donné au roi par un aventurier italien, devenu ministre, qui se sentait tout honteux d'avoir puisé trop largement dans les caisses de l'État. »

— « Et maintenant! comment cela se passe-t-il? » dit la momie. « J'espère que vos ministres sont plus honnêtes et qu'ils n'ont pas besoin de se repentir quand ils meurent? »

J'allais répondre quand je vis un gros monsieur chaussé de souliers qui n'allaient pas à son pied et vêtu d'une redingote qui n'allait pas à sa taille, essayant de saisir ma réponse au passage. — « Demande-le à monsieur, il doit le savoir, » répondis-je, mais le monsieur s'était perdu dans la foule, dès que son regard avait rencontré le mien.

En ce moment, nous arrivions à la hauteur des Tuileries et un régiment passait près de nous, tambours et musique en tête.

— « C'est superbe, cela, dit la momie. »

— « Hélas, et toi aussi, ô naïf Égyptien, tu t'enthousiasmes pour ces choses là? Eh bien, je t'assure que tu trouveras ici de quoi t'enthousiasmer. Tu es dans le pays du képi et du ceinturon. Du matin au soir, tu verras des soldats circulant dans tous les sens : tu entendras le cliquetis des armes, le son du tambour, du clairon, des trompettes : tout l'enfer de Sax, enfin! Les revues, les promenades militaires, l'exercice, c'est la vie de Paris. Vois-tu ces officiers à l'œil fier, à la mine guerrière? Ils n'ont qu'un mot aux lèvres : gloire ou victoire.

Sur leurs poitrines brille *l'étoile* de l'honneur. La main sur la garde de leur épée, l'épée de la France, il ne rêvent que plaies et bosses : ils veulent se battre : ils mourront s'ils ne se battent. »

— « Et, contre qui ? »

— « Contre le monde entier. Ils ne choisissent pas, ils ne raisonnent pas : ils se battent, voilà tout. »

— « Mais avec des goûts et des sentiments pareils, vous ne devez jamais avoir la paix ? »

— « Quelque fois, mais la paix de la France n'est pas comme la paix de tout le monde. C'est la paix qu'en langage du jour on appelle la paix armée. »

— « Que d'argent vous devez dépenser pour tous ces armements et que les chocs de telles armées doivent être terribles ! »

— « Chère momie, on dépense plus que tu ne peux imaginer ; on tue plus que tu ne peux croire. On a tout perfectionné : l'art de dépenser de l'argent et l'art de massacrer les hommes. La peste n'est rien en comparaison du soldat. Il tue autant qu'elle et il coûte beaucoup plus cher. Autrefois la peste vous tuait sans vous affamer. Aujourd'hui le soldat vous affame d'abord, vous tue ensuite. »

— « Mais enfin, n'a-t-on pas trouvé de remède à cet état de choses ? »

— « On en trouverait, sans doute, mais on n'y tient peut-être pas beaucoup. Les rois aiment à jouer aux soldats. Le soldat est une ressource au besoin. Que ne peut-on pas faire avec le soldat ! Cependant de loin en loin, sous le manteau de la cheminée, il se joue la comédie suivante : — « Voulez-vous mettre bas les armes ? » — « Oui, assurément, mais après vous. Commencez donc. » — « Je n'en ferai rien. » — « Ni moi non plus. » Et l'on ne parvient jamais à s'entendre et les élégants diplomates jouent sur un mot la destinée, la fortune, la vie des peuples en se dandinant avec grâce entre un cotillon et un quadrille, sans voir le gouffre de la banqueroute qui s'ouvre sous leurs pas et qui engloutira tout. »

— « Décidément, tout n'est pas rose dans votre civilisation, » dit la momie.

— « Que dirais-tu si je te montrais la robe noire du jésuite qui, obéissant à un mot d'ordre, travaille dans l'ombre à l'asservissement de l'humanité. Que dirais-tu, si j'étalais à tes regards les plaies hideuses du paupérisme, le travail écrasé par le capital, la misère et la faim assises tristement au foyer de la famille, les grands problèmes sociaux traités de chimères, les populations grouillant ici sans ressources et ailleurs d'immenses plaines fertiles appelant des millions de bras qui ne viennent pas. Non, mille fois non, tout n'est pas rose dans notre civilisation. »

Pendant que je parlais, la momie, qui ne comprenait plus grand chose à ce que je disais, s'était tournée distraitement vers les Tuileries.

— « Qu'est-ce que ce palais, » m'avait-elle demandé?
— « C'est le palais de nos souverains. »
— « Et qui est-ce qui l'habite en ce moment? »
— « Lui. »
— « Qui, lui? »
— « L'homme qui tient nos destinées entre ses mains. On peut dire qu'il est véritablement le fils de ses œuvres, celui-là. C'est une paternité qu'on ne peut lui contester. Il n'était rien et il est tout. La roue de la fortune l'a pris tout en bas pour le porter au sommet. Une fois assis là, il a été le plus charmant et le mieux intentionné des hommes. Le soin de notre bonheur a été l'objet de sa constante sollicitude. «Laissez-vous faire, bons Français,» nous a-t-il dit « et ne murmurez pas, si quelques pauvres diables ont payé de leur sang le bonheur de leur patrie. Dans la vie tout s'achète. Enfin, me voici au pouvoir et tout ira pour le mieux dans le meilleur des mondes possibles. Vous allez voir ce que je veux faire pour vous. Les discussions vous échauffent: vous êtes vifs, emportés, brouillons. Je vais supprimer la liberté de la Presse. Des

querelles peuvent s'élever dans vos réunions : des duels peuvent s'en suivre. Vous ne vous réunirez plus, grands enfants, si ce n'est pour danser. C'était avec des cailloux que vous faisiez les barricades où plusieurs d'entre vous étaient exposés à perdre la vie comme ce pauvre Baudin : vous n'aurez plus de cailloux. Quand vous aurez des députés à nommer, comme cela vous ferait perdre beaucoup de temps, je les nommerai à votre place. Vos finances sont dans un état pitoyable ; j'en prendrai soin comme des miennes propres. Il en sera de même de vos musées. Vous étiez logés dans une ville aux rues étroites et tortueuses, aux maisons sombres. Je vous donnerai une ville superbe. A la vérité, les loyers y seront hors de prix, mais vous pourrez vous loger aux environs, si cela vous convient. Il se formera sous mes yeux des milliers de petites banques friponnes qui vous escamoteront vos économies et qui renouvelleront sans bruit et sans scandale la grande escapade du banquier Law. Ne vous chagrinez pas trop ; votre argent, s'il est perdu pour vous, ne sera pas perdu pour tout le monde. Je vous enverrai de temps en temps dans des guerres lointaines où vous mourrez comme mouches, mais vous aurez de la gloire et c'est ce que vous aimez. Mes juges vous condamneront à l'amende, à la prison. Ne leur en veuillez pas. Je les connais : ils frappent en détournant la tête et d'ailleurs, ils font ce que je leur dis, et tout cela arrive pour votre bien. Mes gardes-champêtres habiteront parmi vous et vous parleront en mon nom. Aimez les comme moi-même, respectez les et ne vous plaignez jamais d'eux; ils ne sauraient faillir. Du reste, je serais forcé, pour le principe, de vous donner tort, surtout quand vous auriez raison. Mes sergents de ville vous brutaliseront un peu, pardonnez-leur : ils ont la main un peu rude, mais ils ont si bon cœur et ils me sont si dévoués ! En un mot, chers Français, je veux vous épargner le souci d'agir, de penser, de parler et d'écrire ; j'agirai, je penserai, je parlerai, j'écrirai pour vous, et que manquera-t-il à votre bonheur ? Vous pourrez vous livrer sans nul trouble à vos travaux, à votre commerce, à vos plaisirs. Heureux peuple ! heureux peuple ! »

« Comment eussions-nous pu résister à ce doux langage ! Nous ne l'avons pas tenté, et nous nous sommes endormis, mollement bercés par ce doux rêve de la tyrannie sans le tyran. »

La momie avait souri plusieurs fois pendant que je lui parlais. Quand j'eus fini : — « Voilà où vous en êtes en politique, » dit-elle ? « Vos fortunes, vos existences. le soin de votre bonheur dépendent d'un seul homme ? C'est bien dangereux, cela, car les princes se suivent et ne se ressemblent pas. Pour un de bon, comme celui dont tu parles, que de scélérats qui bouleverseraient tout. En Égypte, nous avions une théorie fort sage et dont nous nous sommes toujours bien trouvés : c'est que la tyrannie ne peut exister sans instruments ; or, supprimez l'instrument, et il n'y a plus de tyrannie possible. Nous avions été ainsi amenés naturellement à faire de la responsabilité des ministres et des fonctionnaires, la base de notre gouvernement. Un jour, mon maître appela son premier ministre et lui dit : « On fait du bruit sous mes fenêtres, je n'aime pas que le peuple s'amuse quand je m'ennuie. Envoyez un régiment pour disperser cette foule. » — « Sire, avec votre permission, je n'en ferai rien. » — « Pourquoi cela ? » — « C'est inconstitutionnel. » — « Cela ne fait rien. » — « Pardon, sire, cela fait beaucoup, au contraire. On me ferait mon procès ; j'y perdrais infailliblement la vie et de plus je ne serais pas momifié, ce qui serait très-désagréable. » Et mon maître se fâchait, menaçait, flattait, tour à tour, le tout inutilement. Ainsi le désir violent du despote ne pouvait se réaliser faute d'appui. »

Je réfléchis profondément à cette sagesse vieille de trois mille ans, qui nous trouvait dans l'enfance gouvernementale.

Nous étions entrés dans le jardin des Tuileries, et il y avait beaucoup de monde.

— « Est-ce là, » dit la momie, « le Paris élégant ? »

— « Oui, comment le trouves-tu ? »

— « Charmant. »

— « A distance, oui, mais il faut en rabattre quand on le voit de près. Tu ne peux t'imaginer les passions, les intrigues, les colères qui se cachent sous ces visages souriants. A quelques exceptions près l'envie agite tous ces cœurs. Les vrais amis y sont rares et tu n'en trouverais pas de quoi remplir la maison de Socrate. Les fortunes rapides, les chûtes profondes, les coups de hasard heureux, les ruines soudaines ont semé la haine partout. Les gens réunis là par milliers, à part quelque vieux savant, quelque poëte sentimental ou quelque jeune fille rêveuse, se saluent avec gentillesse, se sourient agréablement et, au fond, ils sont fort animés les uns contre les autres. Les laquais y coudoient leurs anciens maîtres qui ont pris leur place. Les banqueroutiers y saluent leurs victimes d'un air protecteur. Ces jeunes dandys qui s'avancent là bas avec grâce, ce sont des fils d'Aigrefins. Ces belles dames au chignon hautain, au front fier, au port de duchesse, ce sont des filles de portières qui ont jeté le bonnet de leurs mères par dessus les moulins. Ces gros hommes à l'air dédaigneux, insolent, à la face rouge, aux mains énormes emmaillotées dans des gants trop larges, aux pieds plats chaussés de gros souliers, au cou de taureau, aux favoris rougeâtres, aux sourcils épais, à la mine fuyante, ce sont des parvenus.

Hier, ils vivaient de honteux traffics : aujourd'hui millionnaires, ils s'imposent à la société; ils y entrent de haute lutte et elle les accepte avec leurs vices, leur ignorance, leur orgueil. Dans ce monde tu trouveras toutes sortes de gens à qui leur habileté fait tout pardonner. Cet homme au regard trouble, là bas, dans la seconde allée, c'est un avoué processif qui a ruiné plus de cinq cents familles. Celui qui vient plus loin, c'est un huissier expérimenté à nourrir les dossiers de ses débiteurs. On dirait un homme du monde maintenant qu'il a secoué pour quelques heures la poussière de son étude. Celui que tu vois à coté de lui est un marchand qui a vendu toute sa vie du vin frelaté et du café avarié. En voici un qui s'avance avec sa figure de Romain du bas-empire; c'est le syndic de faillite qui représente la loi, comme le singe représente l'homme. Par goût, il pêche en eau trouble, reçoit des deux mains, ménage les coquins, écrase les honnêtes gens. Vois-tu cet homme grand, à l'œil faux, à la démarche mal assurée? C'est un agent d'affaires qui fut jadis notaire, banquier ou avocat. Quelle plaie, ma chère, et qu'ils sont à plaindre ceux qui ont besoin de lui ! Mieux vaudrait pour eux se trouver face à face en plein bois avec une troupe de bandits. Naturellement, malgré son air audacieux, il a peur de tout : le parquet surtout est sa bête noire. Il en a horreur. Sans cesse sur le chemin du bagne ou de l'étranger, il tient toujours ses malles prêtes. Il ne sait pas où il couchera demain. En ce moment, il est en train de récapituler toutes les infamies que la prescription n'a pas atteintes, et il les classe par rang de date, afin de bien savoir l'heure à laquelle il devra partir. »

— « Quel est ce monsieur qui s'avance, » dit la momie, « il a l'air fort respectable. »

— « Quand il s'observe, oui, mais quand, ne se croyant pas vu, il ôte son masque, il est repoussant. Il a fait fortune, dit-on, à Rio-Janeiro. On raconte sur son compte de bien étranges histoires. Il était associé pour le commerce de peaux de bœufs avec un homme riche, lorsque son associé disparut un jour lui laissant la maison entière. Qu'y pouvait-il faire ? Il n'était pas chargé de veiller sur lui : ce n'était certainement pas dans leur contrat. Dix ans après, il rentra en France avec des millions qu'il avait ramassés dans la boue sans contredit, dans le sang peut-être. Quoi qu'il en soit, il y a dans sa vie une lacune de vingt ans dont il ne parle pas. A son arrivée, on s'empresse de le gagner. Les millionnaires peuvent être utiles, quelle que soit la source mystérieuse d'où jaillissent les flots d'or ; et, en vertu de ce principe, que le pavillon couvre la marchandise, on le nomme chevalier de quelque chose. Puis on en fait un maire irresponsable ; demain peut-être, on en fera un député inviolable. Et cet homme, dont personne ne connaît les antécédents, qui a toutes les allures d'un scélérat, cet homme signale audacieusement les prix de vertu à l'Académie ; il délivre sans sourciller des certificats de moralité ; il prononce solennellement des discours moraux; il couronne gravement des rosières. »

— « Je ne voudrais pas être de ses administrés, » dit la momie, « il doit être désagréable. »

— « C'est à n'y pas tenir, ma chère, mais, malheureusement, on est forcé de le subir. Dans Paris et aux environs, on n'a pas les maires que l'on veut, et il faut bien prendre ceux que l'on vous donne. Que te dire après cela? Je te ferai grâce des élégants qui font des dupes, des caissiers qui commanditent des journaux, des juges qui se vendent, des journalistes qui mentent, des trafiquants du quartier Bréda, des filles souveraines de ce monde interlope, tu finirais par t'enfuir épouvantée, et tu demanderais à te rendormir pour toujours. »

— « Tu fais de la société un tableau bien sombre! N'y a-t-il pas dans cette foule qui nous environne des hommes d'un grand sens et des femmes d'un grand cœur?

— « Assurément on en peut trouver, ma chère, en cherchant bien. Malheureusement les gens de cœur et de sens connaissent le monde et n'aiment guère à se prodiguer. On ne fait que les entrevoir, tandis que les pieds-plats, les escrocs, les hypocrites, les fats semblent posséder le don d'ubiquité et paraissent en cent endroits divers le même jour et à la même heure. »

— « Où se réunissent-ils le soir? »

— « Un peu partout. Les uns s'épandent dans les cafés ou dans les cercles pour y perdre sur une carte l'argent de leurs enfants ; les autres conduisent leurs filles dans des théâtres où elles assistent, confuses, rougissantes derrière leurs éventails, à des pièces de mauvais ton et de mauvais goût. De loin en loin, le salon de quelque financier de hasard en réunit un bon nombre. C'est là qu'on a la mauvaise habitude de compter les invités après les avoir reçus, comme ce capitaine qui comptait les ennemis après les avoir battus. Qu'importe l'écrasement ! Qu'importe qu'on n'ait pas pu pénéter jusqu'au maître de la maison ! Les invités sont là pour l'orgueil de l'amphytrion et non pour leur propre plaisir. Il est vrai que demain ils auront la satisfaction de lire dans les journaux que plus de douze cents personnes, dont ils étaient, se pressaient dans les salons de M. X. »

— « Et est-ce ainsi partout ? N'y a-t-il pas quelque coin reculé à l'abri de la foule, où les raffinés de ce monde mélangé puissent se réunir le soir ? »

— « Sans doute. Il y a toujours en France un salon type qui est le refuge du bon ton et de l'esprit. Ce salon représente la société dans ce qu'elle a de délicat et de pur. Ses mots sont recueillis comme des oracles. Tout ce qui tient à lui de près ou de loin est important. Dans ce salon on ne compte ni les quartiers de noblesse ni les millions. On y compte les invités avant de les recevoir et non après les avoir reçus. Il console, ce salon, du mauvais goût ruineux des bals officiels, des vulgarités de la bourgeoisie, des écrasements de la finance, des turpitudes de l'opéra. »

— « Mais encore faut-il une attraction pour les faire venir dans ce cénacle, en même temps qu'une attraction qui les y retienne. »

— « Une femme suffit. La souveraine de ce petit empire est jeune, riche, belle, spirituelle, bonne. Que d'attractions ! Elle a été mariée un peu à la légère, comme c'est trop souvent le cas en France, à un riche banquier trop occupé de ses affaires pour s'occuper d'elle. Dès la première année de son mariage elle a vu clair dans sa vie. Elle s'est vue condamnée à l'isolement et son parti a été bientôt pris. Elle a fait un signe au monde et le monde est venu s'asseoir à son foyer vide. Il est même venu en trop grand nombre et il a fallu faire un choix. Ont été repoussés énergiquement de ce charmant milieu les militaires pour leur sans-gêne, les journalistes pour leur frivolité, les fonctionnaires de tout ordre pour leur platitude, les fils de ministres pour leur fatuité, les professeurs pour leur pédantisme, les avocats pour leur verbiage. La maîtresse de ce salon a pour principe que la société est un commerce dont l'esprit est la monnaie courante, et que les sots ne doivent pas y vivre aux dépens des hommes d'esprit. — La maison où se réunit cette société d'élite est située de l'autre côté de l'eau dans le faubourg Saint-Germain. Le salon s'étend sur toute la façade. En haut, bien haut, au-dessus des toits, s'élève un élégant belvédère auquel on monte, non sans péril, au moyen d'une échelle. C'est le refuge de l'homme occupé qui vend de l'argent, dirige des journaux, assainit des quartiers, perce des isthmes. On lui a donné cette place et le dehors. Sa femme a pris tout le reste. Il dit en souriant à ceux qui le viennent voir dans son élégante retraite : je dois mon élévation à ma femme. Mot ravissant qui prouve qu'il est digne de vivre près d'elle ! — Cette charmante femme possède au plus haut degré l'art de se mettre. Sa toilette est une harmonie. Pas de profusion, pas de couleurs voyantes, pas d'ornements inutiles. L'ordre, cette splendeur du beau, y domine. Il faut flatter les yeux sans les éblouir, fixer l'attention sans l'absorber. Il faut enfin que la toilette soit une révélation, une manière de préface qui dise en un instant tout ce qu'il y a dans l'esprit et dans le cœur. Et pourtant, ce n'est pas sa toilette qui appelle et retient près d'elle cette cour distinguée ; c'est son éternel sourire, c'est son inépuisable bonté qui accomplit ce miracle. C'est son attention tendre et délicate qui est à tous et à tout. C'est son esprit qui plane sur ce cercle vivant : c'est son cœur qui parle à tous ces cœurs. Douce aux timides, réservée devant les résolus, prévenante pour tout le monde, elle donne à chacun ce qu'il lui faut de gaîté piquante, d'entrain provoquant ; elle fait jaillir le trait, pétiller l'esprit, bondir le mot, ce mot français si soudain et si vif, attentive toujours au succès des autres et non au sien propre. C'est là la chaîne dorée avec laquelle elle retient son monde ; chaîne qu'on ne voit pas, qu'on ne sent pas ; empire aimable, douce tyrannie sans soldats et sans police qu'Aristote n'a pas signalée, que Machiavel a omise, contre laquelle on n'a garde de conspirer et qui ne rêve ni de points noirs ni de révolutions. »

— « Tu me présenteras à elle, » dit la momie.

— « Nous verrons cela plus tard. Il faudra d'abord te faire habiller, car, à vrai dire, tu n'es guère présentable. En passant sur le boulevard nous entrerons chez Dusautoy à qui je te recommanderai. »

En ce moment, nous sortions du jardin des Tuileries et la momie se trouva en face de l'obélisque.

— « Tiens, » dit-elle, « que faites-vous de cela ici? »

— « Rien, absolument rien, ma chère. Simple caprice, pure vanité. Nous avons trouvé plaisant, nous, le peuple le plus mobile de la terre, malgré notre amour de la routine, d'aller chercher bien loin cet emblème de l'immobilité et quand, fatigués de nos variations, de notre légéreté, de nos inconséquences religieuses, philosophiques, morales et politiques, nous sentons naître en nous comme un vague besoin de stabilité, nous pouvons venir ici essayer de surprendre le secret de cet état social égyptien qui fut l'immobilité même. Et regarde où il est placé. Il est en face des Tuileries. Du haut de leurs balcons les princes, quand ils entendent gronder la tempête populaire, peuvent le montrer comme un modèle à suivre à ce peuple aux bouillantes colères. Mais en vain les rois veulent arrêter l'élan du progrès — l'humanité fiévreuse, ardente, marche, marche toujours. Rois ni prêtres ne la peuvent retenir. La pensée, servie par la grande voix de la presse, secoue la poussière du passé et cherche l'avenir, et le noble monument perd son temps à enseigner l'immobilité à ceux qui veulent aller en avant. »

— « Et là-bas, dans le lointain, » dit la momie, « est-ce aussi de l'Égypte ? »

— « Non, chère momie, c'est un arc de triomphe élevé à la gloire des armées françaises. A Paris, tu trouveras de ces souvenirs militaires sous toutes les formes. Rues, boulevards, avenues, ponts, colonnes, arcs de triomphe. On dirait que nous cherchons la gloire dans le but de baptiser de noms sonores tout ce qui nous entoure. »

— « Je connais cela, » dit la momie ; « sur l'aile orientale du temple de Louqsor, il y avait plus de quinze cents figures représentant les victoires d'un de nos rois. »

— « Puisque nous sommes sur le chapître de vos monuments, pourrais-tu me dire dans quel but vous avez bâti les pyramides ? les avis sont très-partagés à ce sujet chez les modernes. »

— « Si vos savants, au lieu de se quereller, avaient daigné étudier le caractère de notre civilisation, ils ne se tromperaient pas là dessus. L'Égyptien n'était pas plutôt né qu'il songeait à se reposer dans la mort. Tout est tombeau chez nous. Sa perpétuité a toujours été notre constante préoccupation. Les pyramides sont, comme tout le reste, des tombeaux et rien de plus. Mais, à ce propos, où donc enterrez-vous vos morts ici ? »

— « Un peu partout. Il y a des cimetières aux quatre points cardinaux de Paris. C'est là que, sur quelques pieds de terre, s'étalent des inscriptions mensongères. Dès qu'on est mort, on a été l'honnêteté même, et du moment où il ne peut plus nuire, le vice passe à l'état de vertu. »

— « Si nous y allions faire un tour ? »

— « Non, chère momie, pas aujourd'hui. On y respire un air dangereux. Du reste, nous n'y entrerions pas. La police a établi tout autour un cordon sanitaire, et elle est inexorable pour ceux qui osent en franchir l'enceinte. »

— « N'y allons donc pas, » dit la momie, « s'il peut y avoir des inconvénients, mais, réellement, on ne sait sur quel pied danser dans ce Paris ? »

— « Danser, ma chère, mais on ne fait que cela du matin au soir dans notre bonne ville. La danse est un art essentiellement français : le quadrille et le cotillon sont nés à Paris et ne peuvent vivre que là. Tout danse ici, tout. L'argent des contribuables danse ; les bonnes font danser l'anse du panier ; les gérants de sociétés font danser les fonds de leurs actionnaires ; les caissiers font danser les billets de banque de leurs patrons ; la politique ne danse que sur un pied, mais enfin elle danse. Et quand les affaires se gâtent, les généraux ne disent-ils pas dédaigneusement : Ah ! le peuple se révolte, nous allons le faire danser ? »

Nous avions passé devant la Madeleine, que la momie admira un moment, et nous avions continué notre promenade sur les boulevards. Quand nous fûmes arrivés devant le café napolitain : — « Veux-tu prendre une glace, » demandai-je à mon Égyptien ? »

— « Je ne sais pas ce que c'est, » dit-il, « mais je veux bien. »

Dès qu'elle fut assise, la momie se mit à considérer les gens qui étaient à côté d'elle. Il y avait deux choses qui la surprenaient et je le voyais bien. C'étaient le cigare et cette liqueur verdâtre connue sous le nom d'absinthe, qui est d'un usage si général. »

— « Ah ça ! explique-moi, » dit-elle, « ce que c'est que ces petits tuyaux avec du feu au bout qui laissent échapper tant de fumée ? »

— « C'est du tabac. »

— « Et à quoi cela sert-il ? »

— « A rien, pas même à faire plaisir. Dans ces derniers temps, cet usage a tout envahi, et depuis l'Empereur jusqu'au dernier des chiffonniers, tout le monde fume du matin au soir. »

— « Même les femmes ? »

— « Non, pas encore, mais cela doit venir. Il y a tant d'hommes devenus femmes, qu'il se trouvera bien sans doute des femmes pour les remplacer. »

— « Et cette liqueur verte qui semble faire les délices de tous ces buveurs ? »

— « C'est un poison lent, plus particulièrement en usage chez les spadassins de lettres et les militaires. En temps de troubles, on s'en sert pour donner du feu aux soldats, et l'on prétend que les gardes-mobiles de Cavaignac y puisèrent cette énergie féroce qui les a rendus si célèbres. »

N'ayant pas beaucoup de temps à perdre, car la momie voulait tout voir, nous nous levâmes, et je payai le garçon.

— « Pourquoi donnes-tu à cet homme plus qu'il ne te demande, » dit la momie? »

— « Affaire d'habitude. Nous nous sommes sottement laissé imposer le plus vexatoire des impôts : le pourboire. Si je ne payais pas à ce garçon ce léger tribut, il me regarderait d'un air dédaigneux, et c'est ce que je ne veux pas. »

— « Et que peut te faire, ô naïf parisien, le mépris d'un garçon de café, quand tu peux changer ce mépris en respect pour quelques centimes ? »

— « En France, ma chère momie, nous avons une déplorable faiblesse, fruit de notre excessive vanité, et Dieu sait ce qu'elle nous coûte. Nous tenons outre mesure à la bonne opinion de tout le monde. Nous serions désespérés qu'un portefaix n'eût pas de nous l'opinion que nous en avons nous-mêmes, et il n'y a pas de sacrifices auxquels nous ne soyons prêts pour donner cette satisfaction à notre amour-propre. »

— « Moi, si j'étais à votre place, je me moquerais bien du qu'en dira-t-on. On se rend très-malheureux en tenant outre mesure à l'opinion du monde, car il est bien difficile de plaire à tous. »

— « Je le crois impossible et c'est cependant ce à quoi nous aspirons au point de dénaturer nos idées, nos sentiments, nos goûts, nos inclinations. Nous ne sommes jamais nous-mêmes. Nous sommes à la merci du monde qui fait de nous ce qu'il veut, et quand, trop fiers pour nous soumettre, nous voulons lui résister, il nous faut entamer avec lui de ces luttes où l'on voit se dresser contre soi la médisance et la calomnie, et ils sont rares les hommes qui savent lutter. »

Ainsi nous parlions de tout comme Pic de la Mirandole, et nous étions en train d'étudier le Paris du soir, quand ses mille feux s'allumèrent. J'expliquai à la momie étonnée toutes les découvertes modernes, le gaz, la vapeur, l'électricité et les prodiges de la mécanique...

— « Quelles pyramides nous eussions bâties avec les moyens dont vous disposez, » dit-elle en soupirant.

Je me mis à rire à l'expression de ce vœu naïf.

— « Pourquoi ris-tu, » dit-elle.

— « C'est que tu ne penses qu'à tes pyramides comme si l'homme n'était créé et mis au monde que pour entasser pierres sur pierres. »

— « Les pyramides témoignent du moins de notre grandeur : tu ne prétends pas le nier. Nous avons su nous perpétuer, et dans trois mille ans que restera-t-il de vous ? »

— « Cette ville, ma chère, aura disparu peut-être, mais il y a quelque chose à quoi nous travaillons nous aussi et qui ne périra pas. Ce monument de l'avenir sera comme une immense pyramide qui aura pour base la terre tout entière, pour sommet le ciel. Le peuple y travaillera chaque jour, sans relâche, sans faiblesse et dans mille ans il s'élèvera sur les tyrannies détruites, le glorieux, l'impérissable édifice ; ce sera la pyramide de la liberté : elle vaudra bien les vôtres. »

— « Je souhaite qu'il en soit ainsi, » dit la momie, « et puisses-tu dire vrai ! »

Nous arrivions en ce moment à l'angle formé par la rue Montmartre avec le boulevard de ce nom. Ayant voulu voir ce qui causait un rassemblement à l'entrée de la rue, je me portai en avant par un mouvement irréfléchi, laissant la momie sur le trottoir. Quand je me retournai, je ne la vis plus. En vain je courus de tous côtés, la redemandant aux échos d'alentour ; j'allais à droite, j'allais à gauche, m'informant si l'on n'avait pas vu un Égyptien enveloppé de bandelettes de toile grossière. Tout le monde me riait au nez comme on sait vous rire au nez à Paris. Un sergent de ville me menaça, avec ce ton agréable particulier à la police impériale, de me mettre en prison. Il allait exécuter sa menace, lorsqu'un de mes amis qui se trouvait là par hasard me prit par le bras et m'entraîna au café des Variétés.

— « Êtes-vous fou, » me dit-il, « qu'avez-vous donc ? qu'y a-t-il ? »

— « Il y a que je veux mon Égyptien. A tout prix il me faut ma momie. »

— « Que parlez-vous d'Égyptien et de momie? Ce qu'il vous faut, mon cher, c'est votre lit et je vais vous conduire chez vuos. »

Heureusement que je n'étais brouillé avec aucun ministre : sans cela, j'étais bien certain, après cet esclandre, de finir mes jours dans un cabanon.

Le lendemain à deux heures je me rendis au Louvre et je constatai avec un soupir de soulagement que ma momie était à sa place accoutumée. Comment était-elle rentrée, je ne l'ai jamais su. Les gardiens que j'interrogeai discrétement à ce sujet ne se doutaient même pas qu'elle fût sortie.

VI

WASHINGTON ET SES ENVIRONS

LETTRES ET NOTES DE VOYAGE

PAR

CÉSAR PASCAL.

WASHINGTON ET SES ENVIRONS

LETTRES ET NOTES DE VOYAGE.

I

Me voici dans la capitale des États-Unis. J'ai retrouvé, au *Willard's Hotel* où je suis descendu, le docteur Kimber, de Londres, et nous venons de passer ensemble une délicieuse soirée au *Washington square*. Ce parc, situé en face de la Maison Blanche, est l'un des plus beaux de la ville. On y a placé une statue équestre du général-président Jackson. La musique militaire y jouait, ce soir, au milieu d'une foule composée de diplomates, de sénateurs, de députés et d'employés aux ministères.

Après une journée sans le plus léger nuage, ni le moindre souffle d'air, éblouissante et brûlante, la nuit était enfin venue, calme, profonde, universelle : une véritable nuit des tropiques, parée de tous les joyaux de son sublime et mystérieux écrin. Au bord des pelouses fraîchement arrosées, on respirait avec le bonheur de se sentir revivre. Sous les arbres touffus, entre leurs rameaux qui se penchent et le frais gazon qu'ils abritent, les mouches à feu, voltigeant dans l'obscurité, nous donnaient le magique spectacle d'une pluie d'étincelles phosporescentes ou de petites étoiles filantes. Dans l'endroit reculé du parc où nous nous étions isolés, les airs de musique nous arrivaient affaiblis et plus doux. Pour bien jouir de l'ensemble harmonieux d'un morceau, il faut l'entendre à distance, ni de trop près ni de trop loin. Il en est, à cet égard, de l'ouïe comme de la vue.

Nous étions venus tard au Washington square, et la musique s'en alla bientôt après notre arrivée. La foule des promeneurs s'écoula lentement. Un grand silence se fit peu à peu. On eut dit qu'épuisée par la chaleur torride de la journée, la nature dormait plus profondément que d'habitude.

« — Que n'avons-nous, à défaut de la musique, les chants du rossignol, » dis-je à M. Kimber, en l'interrompant tout à coup au milieu d'une appréciation littéraire où je l'avais laissé en chemin.

« — Vous ne me suiviez pas, me dit-il en riant, et vous aviez raison. Oui, cette nuit, ce silence, cette solitude étaient faits pour le rossignol. Il n'y en a pas, paraît-il; mais qu'à cela ne tienne. » Et voilà le docteur lançant les notes graves et plaintives, puis les roulades éclatantes, les variations savantes de l'artiste ailé, qu'il imitait à ravir. Après l'oratorio du rossignol, ce fut le gai refrain qui descend du ciel comme l'espérance, celui de l'alouette qu'on entend souvent sans la voir, perdue qu'elle est dans l'immensité où elle s'élève verticalement. Enfin, le chant d'autres oiseaux, surtout de ceux qui habitent l'Angleterre. Le docteur reçut mes félicitations avec modestie. « — Je suis, me dit-il, un grand ami des oiseaux. J'ai appris leur langage et leurs chansons en vivant avec eux. Il m'arrive souvent, dans mes promenades champêtres, de m'asseoir sous un arbre, et, quand la solitude me pèse, de les appeler. S'il s'en trouve un dans le voisinage, il accourt aussitôt à ma voix, et nous nous entretenons ensemble comme de vieilles connaissances. Ne soyez pas étonné, ajouta-t-il ; ces êtres chétifs et charmants ont un véritable langage qui, sans équivoque, exprime les passions diverses qui les agitent. Si je siffle de telle manière, je sais d'avance, sans me tromper, quelle réponse ils me feront. » Malgré les chants incontestablement remarquables du docteur, aucun oiseau n'étant venu lier conversation avec lui, je ne pus faire l'épreuve de cette théorie ; mais je crois bien qu'elle renferme une bonne part de vérité.

J'ai déjà visité les édifices publics, situés dans le voisinage de mon hôtel. Ce sont les ministères d'État, de la guerre, de la marine, des finances ; tous élevés sur la lisière du *President's square*, à droite et à gauche de la Maison Blanche qui en occupe le centre.

Seul, le superbe bâtiment du *Treasury*, ou ministère des finances, mérite d'être mentionné. Il n'est point entièrement achevé. On y termine, à son extrémité méridionale, une aile semblable à celle de l'extrémité opposée. La longueur totale de l'édifice est de cinq cents pieds, sur cent quatre-vingt-dix de largeur ; la hauteur atteint soixante-cinq pieds. Il est composé d'un rez-de-chaussée, servant de soubassement, et de trois étages que couronnent un entablement et une balustrade. Cet entablement, qui fait saillie, repose, pour la façade orientale, sur une ordonnance ionique de trente et une colonnes, formant, sur la longueur totale de l'édifice, un imposant péristyle. La façade septentrionale présente un portique, élevé sur un perron de trente-trois marches et dont le frontispice est supporté par huit colonnes du plus bel effet.

II

La ville de Washington fut expressément fondée, en 1790, pour être le siége du gouvernement de la République. Son territoire, le district de Colombie, enclavé dans le Maryland et séparé de la Virginie par le Potomac, n'a pas plus de cinquante milles de superficie. C'est un terrain neutre, régi par le Congrès national, et dont les habitants ne participent pas aux élections générales du pays, mais seulement aux élections municipales de la ville. La capitale est bâtie au bord du Potomac et de deux autres cours d'eau qui se jettent dans ce fleuve : le *Rock Creek* et l'*Anacosta,* dont l'un coule au nord-ouest, l'autre au sud-est de la cité. Le Potomac et l'Anacosta, qui porte aussi le nom d'*Eastern Branch,* recevraient aisément une grande flotte. Le premier a un mille, le second un demi-mille de largeur.

George Washington, né dans la Virginie, où il habitait de préférence sa propriété de *Mount-Vernon* sur la rive droite du Potomac, avait remarqué les avantages de cet emplacement, et ce fut sur sa proposition que le Congrès résolut d'y établir la capitale de l'Union. Cependant, les événements subséquents sont venus démontrer que le choix du grand patriote n'était pas heureux. Il eut été différent, si le Général eut pu voir dans l'avenir. En établissant sa capitale aussi loin que possible de la mer, sans la priver des avantages d'un port, il avait espéré la mettre à l'abri de l'invasion étrangère. Mais, en 1814, la flotte de l'amiral anglais Cochram remonta le Potomac jusqu'à Alexandrie, et le général Ross vint incendier la capitale. Washington voulait aussi que sa ville fut au centre des États de l'Union ; mais depuis, la grande République a étendu son territoire au sud jusqu'au Colorado, à l'ouest jusqu'au grand Océan, au nord jusqu'au pôle ; désormais donc, pour que la capitale de cet immense pays en occupât le point central, il faudrait la transporter au bord du Mississipi.

Ce fut pendant l'automne de l'année 1800 que les pouvoirs de l'État, le pouvoir législatif, le pouvoir exécutif et le pouvoir judiciaire, furent solennellement installés dans la nouvelle ville qui, d'abord appelée *Federal City*, venait de recevoir le nom du Père de la Patrie, comme le faubourg au delà du *Rock Creek* en avait fortuitement reçu le prénom. On eut ainsi, entre ces deux localités, le nom entier de George Washington. Cet honneur était bien dû à la mémoire du grand homme, mort l'année précédente, et dont le génie et les vertus avaient été d'un si puissant secours et d'un si vif éclat pour le pays. La capitale a aussi un surnom, du reste comme la plupart des grands centres de la République, celui de *City of magnificent distances*. Mais cette épithète pompeuse ne convient guère, jusqu'à présent, qu'au plan de la ville, loin encore d'être réalisé.

Ce plan est un peu l'œuvre de Washington et beaucoup celle du major L'Enfant qui travaillait sous sa direction Et ce ne fut pas pour celui-ci un petit travail, quoique le résultat en ait été fort mince. Il commença par s'entourer de tout ce qui pouvait l'inspirer et se livra à une étude attentive des plans des principales villes d'Europe. J'en trouve la preuve dans cette lettre que Jefferson, alors secrétaire d'État, adressait à Washington, en date du 10 avril 1791 : « Le major L'Enfant m'a écrit hier soir pour
» me demander tous les plans de ville que je pouvais avoir
» et qu'il désire examiner. Je lui envoie donc, par ce cour-
» rier, les plans de Francfort-sur-Mein, de Calsruhe, d'Ams-

» terdam, de Strasbourg, de Paris, d'Orléans, de Bordeaux,
» de Lyon, de Montpellier, de Marseilles, de Turin et de
» Milan, que je me procurai pendant mon séjour dans ces
» villes. Ils sont faits sur une grande échelle et avec fidé-
» lité ; mais aucun d'eux n'est comparable à l'antique Ba-
» bylonne, dont Philadelphie est une résurrection et une
» copie. » Ce style est sans doute hyperbolique. Je n'ai
trouvé dans l'ancienne capitale des États-Unis, ni jardins
suspendus, ni quais superbes, ni portes d'airain, ni murailles gigantesques, flanquées de deux cent cinquante
tours, etc. Jefferson fait simplement allusion à l'étendue du
plan de Philadelphie. La capitale de la Chaldée avait
quarante kilomètres de tour, et j'ai compté que la ville de
Penn en a en effet le même nombre, peut être même d'avantage.

Le plan de Washington est celui de toutes les nouvelles
villes américaines : deux séries de lignes, les unes horizon-
tales, les autres perpendiculaires, se coupant entre elles à
angles droits. Les rues courent parallèlement, celles-ci du
nord au sud, celles-là de l'est à l'ouest, avec une largeur de
soixante-dix à cent pieds. Les avenues, larges de cent trente
à cent soixante-dix pieds, sont le seul trait caractéristique
du plan de la capitale Elles portent les noms des divers États
de l'Union, dans la direction desquels elles rayonnent à
travers les rues, les unes du Capitole, les autres de la Maison Blanche ou d'un autre édifice public de la ville. Les

rues sont désignées par des numéros d'ordre, si elles vont du nord au sud ; si elles se dirigent de l'est à l'ouest, par les lettres de l'alphabet, auxquelles on ajoute *nord* ou *sud*, selon que ces rues sont situées par rapport au Capitole.

Pourquoi donc ne pas leur avoir donné plutôt les noms des grands hommes du pays, et, si le nombre de ceux-ci n'était pas encore suffisant, pourquoi pas, en attendant qu'il le devînt, les noms des villes de l'Union ? Pauvre major L'Enfant! dire que son imagination, ses recherches et son travail n'ont abouti qu'à ce prosaïsme !... Tel qu'il est cependant ce plan satisfit Washington : « Dans un siècle d'ici, » écrivait-il un an avant sa mort, « si ce pays demeure uni, » comme le veulent sa politique et ses intérêts, cette ville, » quoique moins grande que Londres, sera inférieure à peu » de cités européennes. » Le siècle dont parlait le grand patriote est bien près de finir, mais la cité fédérale n'est pas près d'être finie. Les avenues les plus vivantes, je veux dire les moins désertes, comme celle de Pensylvanie, ne sont pas encore bordées de constructions d'un bout à l'autre de leur immense parcours.

La dissémination des édifices publics a entraîné la dissémination des maisons. Il se passera certainement plus d'un siècle encore avant que soit réalisé le plan de la ville. Ah ! si le commerce et l'industrie fussent venus s'établir aussi sur les bords du Potomac et de l'Anacosta, l'accroissement de Washington eût été aussi rapide que celui des autres cités de l'Union. On l'avait bien espéré, mais cette espérance a été déçue. Ce n'est pas que la situation de la capitale n'offre de grands avantages : le fleuve est large, profond et abrité ; il a des chutes, en amont de Georgetown, qu'on pourrait utiliser. Mais, outre que les grandes villes du littoral américain jouissent de pareils avantages, elles sont depuis longtemps de grands marchés où de nouveaux venus peuvent encore trouver facilement à se placer. Enfin la neutralisation politique du district de Colombie est un obstacle à l'accroissement de la cité fédérale. Les Américains, habitués à la vie politique, au *self government*, tiennent avec raison à l'exercice de leurs droits. Cela est si vrai, que lorsqu'il s'agit de choisir une capitale, aucune ville ne rechercha l'honneur d'être le siége du gouvernement fédéral, car, aux termes de la Constitution, cet honneur devait s'acheter au prix du sacrifice des droits politiques des habitants. Il ne se trouva pas en Amérique, on n'y trouverait pas encore, une seule ville capable de proférer le cri de Rome avilie : *Panem et circences !* Ce pays fortuné a eu le rare bonheur de ne jamais connaître les défaites de la liberté, le triomphe du despotisme plus ou moins dissimulé, ni la pression gouvernementale qui affaiblissent, découragent, tuent dans le cœur du citoyen la vie politique, et d'un peuple, né pour être libre et seul maître après Dieu de ses destinées, font un vil troupeau, craintif et muet !

L'aspect de Washington est celui d'une ville de bains.

On n'y voit que des magasins de détail, des restaurants, de grands hôtels et des maisons meublées. Chiffre de la population : 65,000 âmes, dont 55,000 de population flottante, fournie par tous les États de l'Union, et qui s'enfuient au plus vite dès la clôture des Chambres. Ce chiffre est bien peu de chose, vu les proportions colossales de Washington. Les passants sont comme perdus dans ces rues et ces avenues immenses, désertes, poudreuses et tristes. Il nous vient à la pensée ce vers classique :

Apparent rari nantes in gurgite vasto!

Pour animer une pareille ville, il faudrait la population de New-York, et encore y circulerait-elle fort à l'aise ; mais non sans souffrir de l'éblouissante clarté et de l'embrasement de l'atmosphère, dont rien ne vous peut garantir.

En revanche, peu de villes possèdent d'aussi beaux édifices publics. Ils font sur l'esprit du visiteur une vive impression de solidité, de richesse et de majesté. Le Capitole en est le plus remarquable. Situé sur une colline en pente douce, au centre de la ville, ou plutôt de ce qui la sera un jour, il domine superbement, dans son vaste manteau blanc de marbre et de dolomie, le district entier de Colombie, dont il fait la gloire et l'orgueil. Un magnifique jardin demi-circulaire, entouré d'une haute grille et couvrant tout le versant arrondi de la colline, masque la façade occidentale de l'édifice. On y a réuni une rare variété d'arbres et d'arbustes. De belles allées sinueuses s'abritent sous les rameaux entrelacés, et courent à travers les pelouses et les taillis en fleurs. Un grand bassin, orné d'un jet d'eau et peuplé de poissons, se creuse au pied du portique central, entre un double perron orné de statues.

La façade de l'est se dresse librement sur une vaste place carrée, que continue, presque à perte de vue, un parc planté de grands arbres, mais mal entretenu. C'est ici qu'une foule de 35,000 spectateurs, vient assister, tous les quatre ans, à la solennité de l'inauguration présidentielle qui se fait sous le portique de l'édifice (1).

Le Capitole se compose d'un bâtiment central, surmonté d'un dôme, et de deux ailes qu'on y ajouta en 1851. Sa longueur totale est de sept cent quarante-cinq pieds; sa largeur de deux cent vingt-six pour le centre, de cent quarante pour les ailes; sa hauteur, du perron à la balustrade qui couronne l'édifice, de soixante-dix pieds. Le centre et les deux ailes présentent également un superbe portique et deux galeries à colonnes corinthiennes. On atteint à chacun des portiques par un perron de trente-six marches, dont les garde-fous sont ornés de statues. Le dôme, qui a trois cents pieds de hauteur, se compose d'abord

---

(1) Voyez mon histoire : *Abraham Lincoln, sa vie, son caractère, son administration*, chap. V, page 178.

d'un double soubassement, l'un carré, l'autre circulaire et superposé au premier. Là-dessus s'élève une colonnade, supportant un entablement muni d'une balustrade. Au fond du péristyle circulaire que forme la colonnade, on voit le mur de la tour du dôme, percé de grandes fenêtres à plein ceintre et correspondant aux entre-colonnements. Le mur de la tour, en s'élevant plus haut que le péristyle qui l'entoure, forme un attique percé de fenêtres oblongues, orné de colonnes engagées dans le mur, et couronné d'une nouvelle corniche. La coupole en fer, peinte en blanc, s'appuie sur le socle de cette corniche. Son galbe élégant est divisé en sections égales et percé d'ouvertures ovales, encadrées de sculptures et en nombre correspondant à celui des fenêtres de l'attique. Enfin, une statue colossale de la Liberté, taillée dans le bronze, haute de vingt pieds, dernière œuvre du ciseau de Crowford, domine au sommet, debout sur un piédestal encore plus élevé qu'elle. Le dôme du Capitole rappelle celui du Panthéon de Paris, mais il le surpasse en richesse et en élégance.

Entrons maintenant dans ce somptueux palais national par le portique du centre. Nous sommes aussitôt dans la rotonde, vaste salle des pas-perdus, au milieu de laquelle on a placé, sur un piédestal, une statue de Lincoln, de grandeur naturelle. A la place qu'elle occupe, se dressait, quelques jours après l'odieux assassinat du 14 avril 1865, le catafalque où reposaient les restes du grand homme.

Huit panneaux, pratiqués dans le mur de la rotonde, servent de cadre à des tableaux, entre lesquels on a placé des bas-reliefs. Tableaux et bas-reliefs représentent les évènements les plus mémorables de l'histoire de l'Amérique. La rotonde a quatre-vingt-dix pieds de diamètre, et son mur, sur lequel s'élèvent la tour et la coupole, en a le même nombre en hauteur.

Deux magnifiques corridors, l'un à droite, l'autre à gauche, conduisent, celui-ci à la salle des Représentants, celui-là à celle du Sénat. Prenons à droite vers le sud. Nous traversons l'ancienne salle des Représentants. Sauf les bancs, rien n'y manque. La forme en est demi-circulaire. Vingt-quatre colonnes de marbre supportent un dôme peint à l'imitation de celui du Panthéon de Rome. La nouvelle salle des Représentants vient ensuite. En voici les dimensions : longueur cent trente-neuf pieds, largeur quatre-vingt-treize, hauteur trente-six. C'est un carré long avec une galerie régnant sur les quatre côtés. Cette galerie, où douze cents personnes peuvent aisément trouver place, est supportée par un mur qui lui sert de front, et dans lequel, comme dans celui qui forme le fond de la galerie, on a tracé et creusé alternativement de grands panneaux et des niches destinées à recevoir des peintures historiques et des statues de grands hommes américains. Le plafond, bordé d'une superbe corniche, consiste en un châssis de fer sculpté et richement peint comme les murs de la salle. Le centre de ce plafond est muni d'un vaste parallélogramme de vitraux coloriés où l'on voit les armes des divers États et territoires de l'Union. C'est par là que la pièce est éclairée. Quand la Chambre siége pendant la nuit, quinze cents becs de gaz invisibles répandent, à travers les vitraux, une douce et agréable clarté. Sous les galeries, tout autour de la salle, on a établi d'étroits salons de toilette, avec de grandes glaces et des lavabos de marbre blanc. Chaque député a pour siège un excellent fauteuil à roulettes, et, devant lui, un charmant petit bureau avec des tiroirs et un casier sous le pupitre. Ces bureaux sont rangés en demi-cercle devant l'estrade où siége le président. Un système de ventilation, mu par la vapeur, renouvelle incessamment, dans l'espace de cinq minutes, tout le volume d'air que contient la salle.

Il est midi, quittons le *floor* ou parquet de la Chambre, car la séance va commencer. Un grand escalier, tout de marbre, et dont la cage est ornée de toiles à l'huile, nous conduit à l'étage supérieur. Après y avoir parcouru de longs corridors et une suite de magnifiques salons où l'on remarque des peintures à fresque, asseyons-nous dans la galerie de la Chambre. Elle est munie de stalles rembourées recouvertes de velours et divisée en compartiments dont quatre sont réservés, l'un à la presse, l'autre au corps diplomatique, les deux autres aux dames, tout le reste en est public. N'importe votre position, votre couleur, votre costume, vous y pouvez venir librement. Il en est de même pour toutes les autres parties du Capitole, où l'on ne rencontre ni garde, ni *policeman*, et où l'on pénètre sans carte d'entrée.

A midi, un pasteur inaugure la séance par une prière que la plupart des députés écoutent avec recueillement; les autres causent à voix basse. Je remarque un représentant, en habit gris et sans gilet, renversé sur son fauteuil et les jambes sur son bureau. Ce grossier personnage paraît être le seul de son espèce. La prière finie, l'un des secrétaires placés sur une estrade, au pied du fauteuil de la présidence, lit, avec une extrême volubilité, le compte rendu de la séance précédente. A part deux ou trois que cette lecture intéresse, les membres de la Chambre vont, viennent, causent à haute voix ou claquent des mains pour appeler les jeunes pages et leur donner des ordres. Ceux-ci accourent avec empressement, sans souci du bruit qu'ils font, et, l'ordre exécuté, reviennent s'asseoir sur les degrés de l'estrade présidentielle.

La nouvelle chambre du Sénat, située à l'autre extrémité de l'édifice, est semblable à celle des représentants. L'ancienne salle où se réunissait ce corps, est devenue la salle de la Cour suprême composée de dix juges dont le président porte le titre de *chief-justice*.

Il faut encore visiter dans le Capitole la bibliothèque du Congrès. Elle occupe plusieurs salles sur la façade de l'ouest. De ses fenêtres on jouit d'une magnifique vue de la ville, du Potomac et des collines d'Arlington. Tout le matériel de la bibliothèque, murs, plafond, parquet, galeries, escaliers, rayons, est en fer ciselé. Cette bibliothèque est, sinon l'une des plus nombreuses, à coup sûr l'une des plus belles du monde. Malgré les pertes considérables que lui causa l'incendie de l'année 1800, elle possède 54,000 volumes dont le nombre s'accroît chaque année de 1800 autres. Le Congrès vote annuellement, pour achat de livres, six mille dollars, dont mille pour des livres de droit qu'on ajoute à une autre bibliothèque, située au rez-de-chaussée du Capitole et contenant déjà plus de 19,000 volumes. Le public est admis dans ces deux bibliothèques nationales de 10 heures du matin à 4 heures du soir ; mais les membres du Congrès ont seuls le droit d'y prendre, pour les consulter à demeure, les livres dont ils ont besoin.

III

Les deux chambres, le corps législatif et le Sénat réunis, forment le congrès national, qui est investi de tous les pouvoirs relatifs aux intérêts généraux du Pays : les relations extérieures, la paix, la guerre, le commerce, les finances fédérales. Quant à tout ce qui concerne les intérêts des états et de leurs citoyens, le soin en est laissé, pour chaque état, à son congrès particulier.

La Chambre des représentants est beaucoup plus nombreuse que celle du Sénat. Elle compte un membre pour chaque 30,000 citoyens d'un état. Renouvelée tous les deux ans, elle est par cela même la représentation fidèle du pays, l'organe autorisé de l'opinion nationale. Elle se choisit dans son sein le président et les autres officiers dont elle a besoin.

Chaque état, ou plutôt la législation de chaque état envoie au Sénat national deux membres qu'elle élit directement et dont le mandat dure six ans. Mais le Sénat, dans son ensemble, se renouvelle par tiers tous les deux ans. Il participe au pouvoir législatif et a pour président le vice-président de la République.

Les sénateurs et les représentants reçoivent les mêmes honoraires : individuellement 15,000 francs par an et le *mileage* ou indemnité de frais de voyages, proportionnée au nombre de milles qu'un membre doit parcourir pour se rendre de chez lui à Washington et vice-versa.

Le président du Sénat et le *Speaker*, ou président de l'assemblée législative, ont l'un et l'autre 30,000 francs.

Le *Chief-Justice* de la cour suprême qui, dans le cas de mise en accusation du président de la République, devient de droit président du Sénat transformé en tribunal politique, touche annuellement 32,500 francs et ses collègues 30,000 francs.

Les honoraires du Président des États-Unis sont de 125,000 francs ; ceux de chacun des sept secrétaires d'État de son cabinet, de 40,000.

Le Président est électif tous les quatre ans et responsable.

Responsable ! je vous vois sourire à ce mot, mais vous avez tort. Vous oubliez que nous ne sommes pas en France où ce terme est aussi vide qu'on le fait grand. Nous sommes en Amérique où il a une gravité si lourde qu'elle peut à tout moment devenir l'écrasement. Autre est la responsabilité de l'Empereur de France. Autre celle du président des États-Unis. La responsabilité impériale est un de ces mots à effets dont la rhétorique du gouvernement a le monopole. Le prince et ses ministres en ont un vocabulaire pour l'édification du Sénat et pour l'enthousiasme de la majorité de la Chambre. C'est dans ce dictionnaire de la fiction que M. Rouher, ce foudre de déclamation, trouve ces mots éblouissants ou terribles qu'il place, dans le corps d'une période, comme un feu de bengale, ou, à la fin d'une phrase, comme un pétard au bout d'une fusée. Quand cet habile ministre parle de la responsabilité du chef de l'état et que, comme son maître, c'est au nom même de cette prétendue responsabilité qu'il veut légitimer le pouvoir absolu d'un gouvernement personnel, je m'étonne que nul ne fasse, une fois pour toute, bonne justice de ce sophisme qui repose sur une fiction. Que veut dire ce mot de responsabilité appliqué à l'Empereur ? Signifie-t-il que le chef de l'état est tenu de se soumettre à tel verdict que le Corps législatif prononcerait contre lui? Mais, à supposer que la Chambre se composât de députés spontanément élus par le peuple, et non sous l'influence de l'administration, cette assemblée ne pourrait, de par la constitution qui est indiscutable, prendre aucune mesure contre l'Empereur. Loin de le déposer, elle ne peut même pas le mettre en accusation! Au surplus l'Empereur s'est réservé le droit de dissoudre la Chambre.

Ce terme de responsabilité suppose-t-il la possibilité d'un plébiscite et l'autorité souveraine de ce jugement populaire? — Pas davantage. Un plébiscite n'est possible que par la volonté de l'Empereur. Or, si le chef de l'état prévoit que le verdict de la nation lui sera contraire, il est bien certain qu'il ne lui donnera pas l'occasion de l'exprimer. On a beau chercher, il est impossible de trouver une sanction à cette responsabilité; elle n'a pas de corps, c'est une ombre et une fiction, excepté devant l'histoire, devant Dieu et devant la Révolution triomphante. Mais lorsqu'on se proclame responsable, il est évident que l'on n'est ni assez naïf ni assez téméraire pour faire allusion à l'un quelconque de ces trois tribunaux dont les deux premiers sont inévitables et tous trois solennels et terribles à des degrés divers. Mais alors, répétons-le, la responsabilité n'est qu'un mot pour les uns et qu'un leurre pour les autres. Sérieuse, elle serait un frein; fictive, elle est un prétexte à l'exercice du pouvoir absolu et un bouclier qu'on place avec empressement entre les fonctionnaires grands ou petits et la justice commune!

Si nous sommes un peuple spirituel, les Américains sont un peuple pratique. Ce n'est pas eux qu'on piperait de la sorte avec un mot sonore parce qu'il est creux. La responsabilité de leur Président est chose réelle et sérieuse. Elle s'exerce librement tous les quatre ans. Le peuple souverain, juge alors son chef; le replace sur le fauteuil présidentiel ou le fait redescendre dans l'obscurité de la vie privée.

Ce n'est pas tout encore. Cette responsabilité peut se faire sentir à tout moment d'une manière différente mais aussi légale, aussi prompte, aussi effective. La constitution américaine n'a pas, comme la constitution française, lié la souveraineté nationale et livré le peuple désarmé à la merci du pouvoir d'un homme.

Prévoyant le cas où le Président manquerait à ses devoirs de premier magistrat, elle permet, elle commande la mise en accusation du chef de la République. A tout moment la Chambre des représentants peut traduire le Président à la barre du Sénat transformé en tribunal politique et suprême.

Et pourtant le pouvoir du Président n'est rien moins que personnel. Il est purement exécutif, passif, dirai-je, puisque ses actes — même la nomination des membres de son cabinet et des représentants du pays à l'étranger — ne sont bons et valables qu'après l'approbation du Sénat. La souveraineté appartient donc exclusivement au peuple dans la personne de ses représentants, et le Président n'est et ne doit être, comme le disait fort bien Lincoln, que le serviteur du peuple parlant par l'organe constitutionnel du pays, le Congrès. Ce grand principe est la base même de ce qu'on peut appeler le programme politique de l'avenir dans le monde entier. Encore un siècle, et on dira partout comme en Amérique, non pas : *le prince a bien ou mal gouverné*, mais : *le pays s'est bien ou mal gouverné*.

Le mode électoral, employé aux États-Unis pour la nomination du Président et du vice-président de la République est celui de l'élection à deux degrés. Ce système repose sur ce principe que tous les citoyens n'ont pas une intelligence ou une sagesse suffisante pour qu'on puisse leur confier le choix des deux premiers magistrats de la nation. C'est à un corps représentatif, élu par eux, et connu sous le nom de collége électoral, qu'il appartient de emplir cette importante fonction. Tel est bien l'esprit de la Constitution ; mais, en fait, on l'a toujours violé. Le choix des électeurs présidentiels par les votants n'est qu'une vaine formalité. Ces électeurs, en effet, reçoivent de leurs commettants un mandat impératif. Ils sont tenus de voter pour les candidats déjà désignés à leurs suffrages par leur parti respectif, qui les choisit dans sa convention nationale. Les électeurs, nommés par le peuple, sont proportionnellement répartis pour chaque État qui en choisit autant qu'il a de membres au Congrès national, sénateurs et représentants. Par exemple, si un État a un sénateur et vingt représentants, il élit vingt-et-un électeurs. De sorte que le collége électoral tout entier égale en nombre les deux chambres du Congrès.

Voici quel est actuellement la composition de ce collége :

ÉTATS DE LA NOUVELLE ANGLETERRE :

Maine	7	New-Hampshire	5
Vermont	5	Massachusetts	12
Rhode-Island	4	Connecticut	6

ÉTATS DU CENTRE :

New-York	25	New-Jersey	7
Ohio	21	Pensylvanie	26
Delaware	3	Maryland	6
Virginie occidentale	5		

ÉTATS DE L'OUEST :

Indiana	13	Illinois	15
Iowa	8	Kanzas	3
Kentucky	11	Nebraska	3
Missouri	11	Visconsin	8
Michigan	8	Tennessee	10
Minnesota	4		

ÉTATS DU PACIFIC :

Californie	5	Oregon.	3
Nevada.	5		

ÉTATS DU SUD (1) :

Virginie	12	Floride.	3
Caroline du Nord.	9	Louisiane	7
Géorgie	9	Mississipi	7
Alabama	8	Caroline du Sud	6
Arkansas	5	Texas	4

Total du collége électoral américain : 316 membres.

Les deux partis en présence aux États-Unis ont soin de réunir leurs *conventions d'État* avant le moment où le peuple, dans chaque État, choisit ses électeurs présidentiels. Chacune de ces conventions dresse, pour son État respectif, la liste de ses candidats électeurs. Puis les citoyens de tout l'État, ayant droit de vote, adoptent soit la liste républicaine, soit la liste démocratique tout entière. Celle des deux listes qui obtient la majorité annule la liste opposée. Par exemple, si c'est la liste

(1) Ces dix États constituent ce qu'on appelle le Sud. Trois d'entre eux, la Virginie, le Mississipi et le Texas, ne sont pas encore reconstitués.

républicaine qui l'emporte, les démocrates de l'État n'ont aucun électeur pour les représenter.

Les électeurs, délégués par les divers États de l'Union, se réunissent en deux *conventions nationales* opposées l'une à l'autre. Ici les électeurs des États en majorité républicains, là les électeurs des États en majorité démocrates. A cette convention, les délégués de chaque État représenté proposent le candidat présidentiel et le candidat vice-présidentiel que leur ont désigné leurs commettants. Le scrutin s'ouvre aussitôt après, et dès que deux candidatures, d'entre toutes celles qui ont été proposées, réussissent à obtenir la majorité des suffrages, la convention toute entière les adopte à l'unanimité. Dès lors, le parti a formé son *tiket*, c'est-à-dire choisi ses candidats nationaux. Il ne reste plus qu'à faire ratifier ce choix par de nouvelles conventions d'État. Si cette ratification est unanime, le parti vote comme un seul homme. Dans le cas contraire, il y a scission, et l'on voit celles des conventions d'État qui n'ont pas voulu adhérer au choix de la convention nationale, tenir pour elles-mêmes une nouvelle convention générale qui proclame deux autres candidatures. Tel fut le cas, pour le parti démocratique, à l'époque de la première élection de Lincoln. On vit alors les démocrates de l'Union se diviser en trois fractions, tenir trois conventions générales, opposées l'une à l'autre, et former trois *tikets* : le premier avec Douglas, le second avec Breckenridge, le troisième avec Bell. Les républicains, au contraire, qui étaient arrivés à leur convention générale avec trois candidatures, abandonnèrent celle de Seward et celle de Chase, pour se rallier tous à celle de Lincoln.

La constitution nationale, non plus que les constitutions particulières des États, n'ont rien à voir dans les procédés des partis politiques. Ceux-ci se sont donnés à eux-mêmes cette puissante organisation, et ils agissent librement et comme il leur plaît, en vue du triomphe de leurs principes.

Enfin, quand l'époque de l'élection nationale est arrivée, les électeurs se réunissent, au mois de janvier, dans les capitales de leurs États respectifs, et votent au scrutin pour l'élection des deux premiers magistrats de la République. Leurs votes sont transmis au Congrès national qui les compte en présence des deux Chambres réunies. Les candidats ayant obtenu la majorité des suffrages électoraux sont proclamés l'un président, l'autre vice-président des États-Unis, et, le 4 mai suivant, en présence du peuple, ils prêtent le serment de leur office.

IV

Du Capitole, je suis allé à l'Hôtel des Postes (*Post office*), et au Bureau des Patentes (*Patent office*), situés l'un en face de l'autre, dans la rue F. Ces deux édifices sont en marbre blanc et d'une belle architecture. Le premier a deux cent quatre pieds de long sur cent deux de large, un rez-de-chaussée élevé et deux étages percés de superbes fenêtres. Le second est un immense carré de quatre cent dix pieds de long sur deux cent soixante-quinze de large, avec une cour centrale comparativement petite. Les quatre façades en sont identiques, couronnées d'un entablement imposant, percées de soixante fenêtres, ornées d'un portique grandiose avec deux rangs de huit colonnes doriques élevées sur un perron magnifique. Diverses administrations occupent le premier étage de ce bâtiment, à droite et à gauche des corridors voûtés, à proportions colossales, mais mal éclairés. Le second étage n'a que quatre salles sans aucun corridor, une sur chaque façade : jugez de leurs dimensions! Elles seraient irréprochables, si l'on n'avait eu le mauvais goût d'en peindre les murs en jaune et les voûtes en bleu foncé. On trouve ici deux musées : l'un de curiosités historiques, l'autre renfermant les modèles en miniature de toutes les inventions qui ont été brévetées (*patented*) par le gouvernement des États-Unis. Parmi ces inventions, qui sont presque innombrables, les instruments agricoles, surtout les charrues, occupent la plus grande place (1).

(1) L'administration du Patent office concourt puissamment à la prospérité du pays, par les encouragements qu'elle donne à la mé-

La salle affectée au musée historique est la seule qui n'ait pas de galeries. Elle offre un très-vif intérêt de curiosité. On y remarque des objets qui ont appartenu à Washington : habits, tente, argenterie, armes, etc. ; des autographes de grands hommes; les originaux des traités conclus par les États-Unis ; une collection de portraits indiens; les présents faits au gouvernement par des puissances amies; des objets rapportés par des explorateurs envoyés en découverte ; de curieux spécimens d'histoire naturelle; un fragment du rocher sur lequel débarquèrent les pèlerins de la Nouvelle-Angleterre ; un fragment de l'arbre sous lequel Penn conclut son fameux traité avec les Indiens, etc., etc. Voici la presse de Benjamin Franklin, rudimentaire, usée, vermoulue, mais combien vénérable ! En 1768, lorsque le simple ouvrier fut devenu grand homme, il revint à Londres et visita l'imprimerie de M. Watts où il avait jadis travaillé, et où se trouvait alors cette presse. Il appela tous les ouvriers de l'établissement : « Venez, mes amis, et buvons ensemble, » leur dit-il. « Il

---

canique et à l'agriculture. Par exemple, elle amasse une grande quantité de graines domestiques et étrangères pour en faire annuellement une distribution abondante et généreuse à tous les agriculteurs qui en demandent et qui sont à même d'en faire bon usage ! Rien n'est plus intéressant que les rapports annuels du Patent office et ses diverses opérations. On y trouve le dessin et la description de toutes les inventions américaines, ayant obtenu un brevet, et dont les modèles sont conservés dans le musée.

» y a quarante ans, je travaillais à la presse que voici en
» qualité de simple ouvrier imprimeur comme vous. » En
même temps il leur servit un gallon de bière et but avec eux
au succès de l'imprimerie.

Plus loin, voici une paire de gants en drap gris, et je lis
au-dessous : *offert à M. Lincoln. Souvenir des mains
pures (unsullied) auxquelles ils étaient destinés*. Ces gants
ont été faits par M. Baker de New-York, sur la mesure que
lui fournit un sénateur. A en juger par leur dimension surprenante, le grand homme était aussi un homme très-grand.
Une lettre, en date du 11 avril 1865, accompagne le présent qui n'arriva à Washington qu'après la mort du vertueux président. Lettre simple, chrétiennne, touchante : ce
sera un vrai plaisir pour M. Baker que de faire une nouvelle
paire de gants, si celle-ci ne va pas. Il félicite le chef de
l'état du bien qu'il a fait à la patrie et à l'humanité. Il lui
souhaite la félicité des cieux, après une longue carrière terrestre bénie de Dieu. Seule, la dernière partie de ce pieux
souhait n'a pas été réalisée !

Je viens de parler de Lincoln, président, que je parle
aussi de Lincoln, inventeur. En 1849 — il était alors avocat
— il fut breveté pour une invention que j'ai vue au Patent-Office. C'est le fruit de ses observations et de son expérience
lorsque, pauvre batelier, il naviguait sur les grands cours
d'eaux de l'ouest. On sait qu'en été la navigation de ces
rivières, même celle du Mississipi, est fort dangereuse. Des

bancs de sable, des hauts-fonds, y arrêtent souvent la marche des bateaux à vapeur. L'invention de M. Lincoln consiste en une espèce d'énorme soufflet, appliqué au flanc du bateau et un peu au-dessous de la ligne de flottaison. Ce soufflet ou mieux ces soufflets — il y en a deux, l'un à babord, l'autre à tribord — gonflés d'air par un ingénieux système de cordages, de poulies et de soupapes, soulèvent le navire au-dessus de l'obstacle et le remettent à flot.

Je trouve enfin au Patent-Office, à coté d'une boîte destinée à recevoir les offrandes des citoyens, le modèle en miniature du *Washington monument* qu'on élève avec le produit d'une souscription nationale. Ce monument que j'ai visité hier après-midi est loin encore d'être achevé. Il se trouve fort heureusement situé à l'extrémité du *Mall*, — vaste place plantée d'arbres — sur un terrain nu, au bord du Potomac et à l'embouchure du Tibre, petit cours d'eau canalisé qui traverse la ville de l'est à l'ouest. Je vous en donne la description d'après le modèle que j'avais sous les yeux au *Bureau des brevets*.

D'abord une plateforme en pierre ayant 200 pieds de surperficie et 20 de hauteur; entourée d'une balustrade et munie d'un perron dont les garde-fous sont ornés de statues. Au centre de cette plateforme se dresse une vaste rotonde qui constitue la base du monument. Elle a 530 pieds de diamètre et 100 pieds d'élévation. Trente colonnes massives l'entourent. Entre ces colonnes et le mur, sous l'entablement et la balustrade qu'elles supportent, règne un péristyle de 25 pieds de largeur. Au-dessus de cette base grandiose s'élance, à 200 mètres de hauteur, un gigantesque obélisque. On pénètre dans la rotonde par un portique de deux rangs de quatre colonnes chacun, et dont le frontispice est surmonté d'une statue réprésentant Washington monté sur un char de triomphe. Au-dessous, les armes de la République, comme au-dessus pes colonnes du péristyle, celle des États de l'Union. A l'intérieur de l'édifice, on placera dans les niches du mur de la rotonde, les statues de tous les signataires de la déclaration d'indépendance, et, au centre de la rotonde, un sarcophage renfermant les restes du *Pater Patriæ* qui reposent maintenant dans la paisible solitude de Mount Vernon. Enfin l'intérieur de l'obélisque sera orné d'inscriptions et de bas-reliefs représentant les principaux évènements de la vie de Washington. Quand ce monument sera ainsi terminé, on le citera comme le mausolée le plus imposant et le plus magnifique du monde. Qu'on parle ensuite de l'ingratitude des démocraties, et qu'on vienne nous dire que les républiques ne savent pas honorer leurs grands hommes !

Ce monument m'en rappelle un autre qui s'élève aussi sur l'une des places publiques de la capitale, je veux parler du *Lincoln monument*, également érigé au moyen d'une souscription ; mais d'une souscription faite parmi la population de couleur des États-Unis. On le doit au ciseau du sculpteur américain, Miss Homer. Il représente, par un groupe de statues taillées dans le marbre, les deux grands événements qui ont illustré la présidence de Lincoln : l'abolition de l'esclavage et la préservation de l'Union. La souscription qui en a fait les frais eut une touchante origine. Une pauvre femme affranchie par la proclamation du Président, donna en apprenant l'assassinat du bienfaiteur de sa race, cinq dollars; somme énorme pour elle et qui constituait tout son avoir, dirai-je, ou sa pénurie. Ce pieux exemple de gratitude trouva aussitôt une foule d'imitateurs parmi les anciens esclaves, et maintenant le glorieux monument, consacré à Dieu et à la liberté, s'élève dans ce district de Colombie où il y a sept ans l'esclavage était encore en vigueur.

V

Tantôt, à 9 heures du soir, j'étais à la Maison-Blanche pour faire visite au Président. « A 9 heures du soir! » dites-vous. — Parfaitement; son excellence reçoit presque tous les jours et notamment deux fois la semaine de deux à cinq et de huit à dix heures du soir. Tout ce temps n'est point encore suffisant pour la foule des visiteurs de la Maison-Blanche. Personne ne vient à Washington sans aller *shake hands with Mr président*. Il n'est pas de citoyen plus abordable ni plus importuné que le chef de la République.

Qui que vous soyez, homme ou femme, blanc ou noir, prince ou valet, riche ou pauvre, vous pouvez vous présenter chez lui, sans lettre d'introduction, sans autre motif que la curiosité, vêtu de noir ou de gris, d'un habit ou d'une blouse, et soyez sûr d'être bien accueilli de son excellence qui vous donnera volontiers une bonne poignée de main.

Les ministres reçoivent une fois la semaine. A la rigueur on peut assister à ces réceptions officielles sans invitation spéciale. Cependant rien n'est plus facile que de se faire inviter. Ayez soin d'aller, la veille, déposer votre carte chez le ministre et vous recevrez en revanche, à domicile, une lettre d'invitation.

J'étais donc à la Maison-Blanche. Elle est située au bout de l'avenue de Pensylvanie, presque en face, mais à une demi-lieue du Capitole, sur une éminence, entre un jardin privé et un petit parc, demi-circulaire, orné d'une statue en bronze de Jefferson. Ce parc n'est séparé du *Lafayette square* que par une large avenue plantée de magnifiques arbres. Pendant la guerre de 1814, la *White-House* eut le sort du Capitole. Le 24 août, à 8 heures du soir, après la bataille de Bludensburgh, le général anglais Ross était entré à Washington avec une armée forte d'environ cinq mille hommes. Le jour suivant, il se retira avec ses troupes à bord des navires de la flotte de l'amiral Cochram. Mais les vingt-quatre heures qu'il avait passées dans la capitale de l'Union, lui avaient suffi à piller et à détruire tous les édifices et les monuments publics de la ville : le pont élégant jeté sur le Potomac, le Capitole et sa bibliothèque, les ministères et la Maison-Blanche. Le général ne survécut que quelques jours à cet acte de vandalisme. Le 12 du mois suivant il fut tué dans un engagement aux environs de Baltimore. Après la guerre, les Américains reconstruisirent leurs édifices et notamment la Maison-Blanche.

Quoique d'une noble architecture, le palais présidentiel est d'une grande simplicité; aussi a-t-on décidé d'en bâtir un nouveau. La Maison-Blanche doit son nom à la couleur des pierres et de la peinture à l'huile qui les recouvre. Elle occupe un parallélogramme de cent soixante-dix pieds de long, sur quatre-vingt-six de large. Une corniche et une balustrade couronnent le seul étage qui la compose. Elle est précédée d'un portique carré, servant de marquise aux piétons et aux voitures qui y pénètrent par l'entrecolonnement de côté.

A la grille du parc, à la porte du palais, nulle part, je ne vis un seul homme de garde. Dans le vestibule où je pénétrai librement — l'entrée en étant ouverte — je trouvai un domestique en simple veste noire, à moitié endormi sur une chaise. — « Vous désirez parler au Président, » me demanda-t-il, et sans attendre ma réponse il ajouta : « prenez à gauche, et montez l'escalier jusqu'à la première porte que vous verrez ouverte devant vous. » Cette porte m'introduisit dans une petite pièce carrée, où un visiteur comme moi, prenait un verre d'eau à la glace à une fontaine placée dans un angle de la pièce. A gauche, trois degrés conduisaient dans une vaste salle d'attente où se trouvaient quinze ou vingt personnes. Un autre domestique également sans livrée, était assis près d'un mauvais bureau. — « Pourrai-je voir le Président? » lui demandai-je. — « Mais oui, me dit-il, quand votre tour sera venu. Si vous n'avez pas de carte, veuillez écrire votre nom sur l'une de celles-ci. Je lui donnai ma carte qu'il plaça à la suite de celles qu'il tenait à la main.

Le tapis de la salle où j'attendais était usé jusqu'à la corde. Un bureau et quelques chaises composaient tout le mobilier. J'oublie cependant un meuble indispensable dans tous les endroits publics du pays : un immense crachoir rond, placé au centre de la pièce et entouré d'une large auréole humide. Deux ou trois visiteurs semblaient s'exercer à lancer de la place où ils se trouvaient, des jets de salive jaunâtre dans la direction du crachoir qu'ils n'atteignaient que rarement. De temps en temps, ils mordaient à belle dent dans une tablette de tabac. Je suis fait maintenant à ce spectacle ; mais je n'oublierai jamais l'étonnement et le dégoût que j'en éprouvai la première fois.

C'était le lendemain de mon arrivée à New-York, dans l'un *cars* ou wagon qui parcourent les rues de la ville sur des rails. En omnibus on n'a rien à faire qu'à se regarder mutuellement. Un monsieur fort bien mis, assis en face de moi, avait tantôt l'une tantôt l'autre de ses joues fortement renflée. A côté de lui, un autre individu présentait le même phénomène. Puis un autre, deux autres, trois autres, bref, sur vingt personnes que contenait le *cars*, neuf mâchaient paresseusement quelque chose. J'en étais à me demander si les Américains appartiendraient à la famille des ruminants, quand un jet de salive fortement lancé, vint tomber à mes pieds. La vue, l'odorat, ne me laissaient plus aucun doute ; pardonnez-moi, mais tout ce monde chiquait !!...

Je ne m'étonne plus qu'on soit obligé de placer dans les cabines des *ferries* (1) des inscriptions comme celle-ci : *Out of respect to the ladies, the gentlemen are requested not to soil the floor of the cabin with tobacco juice;* ce qu'on traduit en français : indépendamment du respect qu'on doit aux dames, les messieurs sont priés de ne pas salir le plancher de la cabine avec du jus de tabac !

Chez le président on ne se gêne pas plus qu'ailleurs. Les gens y sont comme chez eux, et, sans certaines affiches, ils y prendraient les mêmes libertés. Dans la salle où j'attendais, on lisait sur le mur : *Positively no smoking allowed*, positivement il n'est pas permis de fumer ; au-dessus

---

(1) Le *Ferry* est un bac à vapeur pour les voitures et les piétons.

d'une porte : *Positively no admittance,* positivement on n'entre pas ici ; ailleurs : *Do not soil the carpet,* ne salissez pas le tapis ; enfin une inscription plus énergique : *gentlemen are requested not to spit on the carpet,* les messieurs sont priés de ne pas cracher sur le tapis. Vous pensez que tout le monde se le tient pour dit. Détrompez-vous. Pendant que je copiais ces inscriptions pittoresques, un individu arrive fumant un cigare, cause un instant avec l'un des visiteurs de sa connaissance, puis entre dans une pièce contiguë à celle où se tenait le Président, et d'où partaient de bruyants éclats de rire. J'aime la liberté, mais non pas celle-là. Les Américains donnent si entièrement leur respect à la loi, qu'il ne leur en reste plus pour les règlements et les convenances.

Je signalais, ce soir même, ces lacunes de l'éducation américaine à l'un de mes amis de cette ville. Il convint d'assez bonne grâce qu'une réforme à cet égard était désirable ; mais cette concession fut immédiatement suivie de vives récriminations qui me trouvèrent désarmé. — « Vous allez chez notre président, me dit-il, chez nos ministres, nos magistrats, nos sénateurs, et vous êtes froissé de l'absence de toute étiquette et des libertés qu'on y prend. Très-bien ; mais vous, Français, ne péchez-vous pas par l'excès contraire? N'êtes-vous pas si complètement esclaves du rang, de la fortune, de la puissance, que de vous soumettre à l'étiquette qu'ils vous imposent, même, lorsqu'ils sont illégitimement acquis, en dépit de la sanction de la loi morale outragée? Qu'une nullité, un aventurier, un homme de hasard et de rien, un escroc, un parjure, un criminel, soit soudain, par un de ces coups de la fortune qui font douter de la Providence, enrichi, *ennobli,* élevé parmi vous, ne l'abordez-vous pas, au nom des convenances et de l'étiquette officielle, avec toutes les marques du plus profond respect et du plus vif dévouement? Donc, de vos servilités honteuses et de nos libertés choquantes, celles-ci ne froissent que la délicatesse, celles-là le sens moral; j'aime mieux les dernières! »

Mon terrible ami avait cruellement raison; mais il vaudrait mieux encore s'affranchir des servilités honteuses et se priver des libertés choquantes. On le faisait du temps de Washington. On trouvait, alors, dans la maison présidentielle une simplicité républicaine pleine de charmes, sans le sans gêne dont je ne reviens pas. Sous les successeurs du grand homme, on se relâcha peu à peu de toute réserve et de toute étiquette. Dans un intéressant volume (1) que le secrétaire de la Société américaine des traités religieux a bien voulu m'offrir, en souvenir de ma visite au bel établissement de la société, j'ai lu l'anecdote suivante : c'était en 1812, M. Wilder venant directement de France, porteur de dépêches importantes, arriva pen-

(1) *Record of S. Wilder,* in-12, n.

dant la nuit à Washington. Malgré l'heure avancée, il se rendit immédiatement au ministère de la guerre. Un domestique l'introduisit auprès de M. Monroë, alors secrétaire de ce département. — « Je vous attendais avec impatience, lui dit le ministre. Allons sans délai chez le Président. » Arrivés à la porte de la Maison-Blanche, les deux visiteurs sonnent, et bientôt un vieillard leur ouvre. Il est enveloppé d'une robe de chambre, coiffé d'un bonnet de nuit, et il tient à la main un bougeoir où brûle une chandelle grossière et fumeuse. C'était son excellence M. Madison, Président de la République des États-Unis.

VI

Hier, je ne vis pas le Président. La réception ne se prolongea pas assez pour que mon tour put arriver. Ce soir j'ai été plus heureux, mais je n'ai guère figuré à cette entrevue qu'en qualité de comparse. Il s'est trouvé que son excellence n'était visible que jusqu'à neuf heures, ce qui me remettait encore à la prochaine réception. Mais deux messieurs, qui logent dans le même hôtel que moi et dont le tour précédait le mien, sont venus m'offrir d'entrer avec eux, et voilà comment ma curiosité a été satisfaite. J'aurais pu me faire présenter par l'un des pasteurs ou des hommes politiques que je connais ici ; j'ai préféré ne pas recourir à leurs bons offices pour un simple motif de curiosité.

Monsieur Andrew Johnson était assis à une grande table au milieu de son cabinet de travail et en face de la porte par où nous venions d'entrer. Ses manières sont simples et faciles. Il a les traits fortement prononcés, le front découvert, la barbe rasée, les cheveux longs et abondants. Sa physionomie est intelligente, sérieuse, surtout énergique. Andrew Johnson, est né le 29 décembre 1808, à Raleigh, dans la Caroline du Nord, de parents pauvres, appartenant à cette classe qu'on désigne dans le Sud du nom de *poor-whites*. A quatre ans, il perdit son père. A quatorze ans, il entrait en apprentissage chez un tailleur, et ce fut pendant les sept années qu'il y passa, qu'il commença sa propre instruction. Après le labeur de la journée, il consacrait trois heures à l'étude. Il apprit ainsi, sans le secours de personne, à lire, à écrire et à compter. Quand son apprentissage fut terminé, il se rendit dans la Caroline du Sud. A Granville, dans le Tennessee, ou il vint se fixer deux ans plus tard, il fut d'abord ouvrier cultivateur; puis, au moyen de ses économies, il s'acheta une petite propriété. Enfin, il devint un riche planteur. Il possédait alors de nombreux esclaves, qu'il finit par affranchir. Il avait épousé une femme d'un esprit cultivé; elle lui fut d'un grand secours pour sa propre instruction. Avec la richesse, les honneurs lui arrivèrent. Après avoir été maire de son village et membre de la législature du Tennessee, ses concitoyens démocrates le choisirent, en 1840, pour être leur électeur présidentiel. L'année suivante, il passa de la législature au Sénat du Tennessee. Les élections successives de 1843 à 1853 l'envoyèrent siéger au congrès national. Au sortir de ces fonctions législatives, il fut fait gouverneur du Tennessee jusqu'en 1857, époque où il reparut à Washington en qualité de sénateur. Enfin, en 1864, il fut élu vice-président de la République, et, le 15 avril 1865, la mort de Lincoln l'élevait au fauteuil présidentiel.

A cette époque M. Johnson était, ou feignait d'être, un républicain radical des plus passionnés. Son langage violent ne respirait que menaces contre les *traîtres*. Il voulait de sanglantes représailles. A l'en croire, il fallait pendre haut et court tous les chefs de la Secession. Ses discours, ou plutôt ses charges à fond contre les rebelles, en avait fait la bête noire du Sud qui n'avait pour lui que des sarcasmes, des injures et des malédictions. Les démocrates du Nord ne le traitaient pas mieux. Qu'on en juge par les citations suivantes : le 7 mars 1865, le *New York World* s'exprimait en ces termes : « L'ivrogne et abruti Caligula, le plus débauché des empereurs romains, éleva son cheval à la dignité de consul. Les plus grands capitaines et les plus éminents hommes d'état de la république, les Scipions, les Caton et le puissant Jules lui-même, avaient jadis été consuls. Le consulat ne fut pas plus avili par l'acte de scandaleuse folie de Caligula, que ne l'est notre vice-présidence par la récente élection d'Andrew Johnson. Cette haute charge a été illustrée en des jours meilleurs, par les talents et les vertus d'Adam, de Jefferson, de Clenton, de Gerry, de Calhoun, de Van Burren; et maintenant la voir occupée par cet insolent, cet ivrogne, cette brute, en comparaison de qui le cheval de Caligula était respectable, car le pauvre animal n'abusait pas de sa nature!!... Et penser qu'une vie fragile sépare seule de la présidence cet insolent et ridicule ivrogne!!... »

Le *Northumberland County Democrat,* du 17 mars 1865, disait à son tour, après un déluge d'injures et d'amères railleries : « Sérieusement, n'est-ce pas une brûlante disgrâce que d'avoir un pareil être pour remplir le second office de la nation, et de le voir, en cas de mort de M. Lincoln, lui succéder au fauteuil de la présidence?! »

A ces citations, j'en pourrais joindre bien d'autres, si le dégoût ne m'empêchait de poursuivre. Aussi bien ces deux échantillons ne vous paraissent-ils pas plus que suffisants?

Mais un mois après son inauguration présidentielle, voici qu'un changement subit, radical, complet, se fit dans les vues politiques, le langage et les manières de l'*homme de l'autre bout de l'avenue,* comme l'appelait, dans la Chambre des représentants, Thaddeus Stevens, le député de Pensylvanie, l'éloquent et fougueux [*leader* des républicains. Le républicain radical était devenu démocrate; le vengeur de l'honneur, du sang et des intérêts de la patrie, le protecteur et le soutien des anciens rebelles; la terreur du Sud, sa providence; le maudit des secessionnistes et des démocrates, le maudit des républicains. Par cette défection complète et inattendue, M. Johnson, redevenait ce qu'il était en 1840. La lutte, une lutte ouverte et acharnée, ne tarda pas à éclater entre le Président et le congrès, en grande majorité républicaine. Cette lutte a duré jusqu'à la fin de la présidence de M. Johnson. Le pouvoir exécutif avait rompu avec le pouvoir législatif, et on peut bien ajouter : avec la grande majorité du pays. Pour marquer la différence qui existait entre la politique de la Maison Blanche et celle du Capitole, il suffit d'indiquer, d'un côté les conditions mises par le Président à la réintégration des États du Sud, et de l'autre côté, l'amendement que les Chambres ont voté, que la nation a sanctionné, et qui fait désormais partie de la constitution nationale, en dépit du *veto* que lui opposa M. Johnson.

Le Président demandait que les États pacifiés recouvrissent immédiatement leur situation politique, antérieure à la rebellion, à condition :

1° D'accepter, comme valide et définitive, la proclamation d'émancipation et l'amendement constitutionnel abolissant l'esclavage ;

2° De rayer l'esclavage de leurs constitutions particulières ;

3° De répudier, une fois pour toutes, la dette et toute espèce d'obligations contractées par l'ex-confédération.

4° D'anéantir en la condamnant l'ordonnance de secession.

5° Enfin de garantir aux affranchis la possession et l'exercice des droits civils.

Voici maintenant le contenu de l'amendement constitutionnel que le congrès et la nation ont imposé au Sud.

Section I. Extension des droits civils à tous les citoyens sans distinction de couleur et de condition, et égalité parfaite de chacun devant la loi.

Section II. La représentation nationale est fondée sur l'ensemble de la population des États. Mais si dans un État il se trouve des citoyens mâles et âgés de 21 ans, qui soient exclus des droits politiques pour raison de couleur, ces citoyens ne seront pas compris dans la base de la représentation nationale et provinciale de cet État. — Cet article est fort important et fort juste. Il place les états rebelles dans l'alternative ou de diminuer considérablement leur influence politique ou de conférer la franchise électorale aux nègres. S'ils ne prennent ce dernier parti, au lieu de soixante-quinze comme autrefois, ce ne sera plus que cinquante représentants qu'ils auront au Congrès. En effet, par une étrange anomalie de la constitution (art. I, sect. 21), les esclaves qui n'étaient pas même considérés comme des hommes, comptaient pour trois cinquièmes de leur nombre véritable, dans la base de la représentation des États du Sud!

Section III. Aucun des individus ayant pris une part active dans la récente rébellion, ne pourra occuper un poste quelconque de l'État ou d'un état, aussi longtemps que le Congrès national n'aura pas aboli pour cet individu la présente interdiction, par un vote qui aura réuni les deux tiers des voix dans les deux chambres du Congrès.

Section IV. Répudiation totale et définitive de la dette et de toute espèce d'obligations, contractées par l'ex-confédération, et renonciation absolue à une indemnité quelconque, comme illégale et sans droit, des pertes éprouvées par la guerre ou par l'émancipation des esclaves.

Quelle qu'ait été son obstination, M. Johnson, n'a pu réussir à arrêter ces mesures conseillées par la prudence, dictées par la modération, approuvées par la justice, votées par le Congrès et sanctionnées par la volonté nationale.

Ma visite au Président est le commencement et la fin des visites que j'avais à faire dans cette ville. Non plus qu'à Philadelphie, je n'ai eu la chance de rencontrer les personnes que je désirais voir. Le major-général Howard et les sénateurs Dodge et Sumner, pour qui M. Shaw, le président du *National Freedman relief association*, m'avait donné d'excellentes lettres de recommandation, étaient absents, le premier de chez lui, les autres de

Washington. En l'absence du général Howard, commandant en chef du *Freedmen's Bureau*, j'ai reçu du major Ketchum le plus cordial accueil. Il m'a donné en même temps que des détails sur le bureau, l'intéressant rapport du général Howard, et un gros volume in-8°, imprimé pour la Chambre des représentants, et qui contient toutes les pièces officielles, émanées des divers agents de l'administration du bureau.

Le *bureau des réfugiés, des affranchis et des terres abandonnées*, créé par le Congrès pour s'occuper de toutes les affaires qui concernent les affranchis, est une institution tout à la fois charitable, judiciaire et politique. Charitable puisqu'elle procure aux affranchis du travail, des vivres, des outils, des écoles et des hôpitaux ; judiciaire puisqu'elle tranche les différents qui s'élèvent entre eux et leurs anciens propriétaires ; politique puisqu'elle veille au maintien et au respect de leurs droits civils. Cette institution a rendu d'immenses services. Avec le concours de plusieurs sociétés chrétiennes du Nord, elle a sauvé de l'oppression, de la violence, de la misère et de la mort ces pauvres gens de couleur, dont le dénûment n'était égalé que par leur ignorance et leur timidité. Pour montrer comment les choses se passent, je citerai les faits relatifs à l'île Edisto. Cette île est située en face de la côte de Cherleston. Comme toutes celles de la Caroline du Sud, elle était jadis couverte de forêts impénétrables et peuplée

18.

d'alligators. Aujourd'hui les forêts ont disparu, pour faire place à de riches plantations que séparent, l'une de l'autre, de petits bois de palmiers, d'orangers et de lauriers.

Pendant la dernière guerre, les planteurs abandonnèrent l'île, qui fut confisquée par le gouvernement des Etats-Unis, lors de la prise de Charleston. A mesure que la vaillante armée du général Sherman s'avançait à travers les Etats rebelles, elle voyait grossir sans cesse derrière elle le nombre, déjà immense, des réfugiés de couleur. Femmes, enfants, vieillards, infirmes, tout suivait. Dans la crainte de retomber entre les mains de leurs maîtres, ils préféraient mourir de fatigue et de faim en suivant leurs libérateurs. Quelle récompense de leurs sacrifices patriotiques, pour le cœur des soldats de l'Union ! comme ils devaient sentir la noblesse de leur tache ! comme ils devaient aimer leur drapeau qui s'avançait, comme la sainte justice, sur cette terre d'esclavage, et qui attirait de toutes parts des multitudes de malheureuses victimes, venant se réfugier à son ombre protectrice ! Mais que faire de ces milliers d'infortunés ? Le général Sherman les établit sur des plantations abandonnées, qu'il leur partagea par lots de quarante acres. L'île Edisto et ses voisines leur furent exclusivement réservées. On y établit des écoles et des hôpitaux, où des demoiselles et des veuves du Nord vinrent enseigner les enfants et les adultes et donner leurs soins aux malades. Les premiers mois furent bien durs à passer.

Mais on avait travaillé avec ardeur, bêché et ensemencé le sol. Du sein de la misère présente, on semait ainsi la prospérité future. Jamais on n'avait si fortement senti cette vérité, que la terre est la nourrice de l'homme. Jamais on n'en attendit les dons généreux avec tant d'émotion. La récolte prochaine! Que de rêves elle allait réaliser!... Dix mois se passent. Le Dieu, le Père, qui nourrit les oiseaux du ciel et qui revêt les lis des champs, avait béni la semence, répandue avec larmes. Elle avait crû. Les champs étaient couverts d'une riche moisson. On allait enfin avoir du pain en abondance!... Tout à coup un bruit sinistre court d'un bout à l'autre de l'île Edesto : les planteurs vont revenir et reprendre possession du sol ! — Mais la promesse positive du général Sherman? — Révoquée par le Président! les rebelles ont été pardonnés. Ils recouvrent tous leurs droits sur les plantations qu'ils avaient abandonnées ! L'émotion, une émotion indicible, s'empara des nègres. Chacun d'eux vît se dresser devant lui le spectre hideux de l'esclavage : l'*overseer* (1), le travail sans rémunération, la pauvreté absolue. Le major-général Howard accourut à Edisto. « Après avoir conversé avec le général Saxton, aide-commissaire du bureau, et avec les propriétaires du sol, je résolus, dit-il, d'aller à Edisto, dès que le peuple (les nègres) pourrait être rassemblé sur un point cen-

---

(1) Celui qui, un fouet à la main, surveille les esclaves quand ils sont au travail.

tral. Le jeudi 19 octobre, accompagné de plusieurs officiers et du représentant des planteurs d'Edisto, je trouvai les affranchis réunis dans une vaste église de l'île. Le mécontentement et la tristesse se manifestaient de toutes parts. Je fis connaître les désirs du Président, conformément aux instructions que j'avais reçues. Le peuple choisit dans son sein un comité composé de trois personnes, à qui je soumis les conditions, auxquelles les propriétaires voulaient souscrire. Le comité dit, que les gens de couleur n'entendaient travailler à aucun prix pour leurs anciens maîtres, sous la surveillance d'*overseers,* comme auparavant ; mais que s'ils pouvaient obtenir qu'on leur louât les terres, ils consentiraient, à tous autres égards, aux arrangements proposés. Enfin, par un vote unanime, il fut décidé qu'on me laisserait traiter cette affaire quant au mode de restitution des terres et quant aux conditions à fixer. » En même temps le major-général envoyait au secrétaire de la guerre, M. Stanton, cette dépêche télégraphique : « je me suis trouvé aujourd'hui avec plusieurs centaines des gens de couleur de l'île Edesto, et j'ai fait tout ce que j'ai pu pour les décider à restituer les terres à leurs anciens propriétaires. Ils se soumettront, mais avec une évidente tristesse, à cette violation de la promesse du général Sherman. Ils montrent la plus grande aversion pour les contrats. Ils pétitionnent et supplient, afin d'obtenir le privilège de louer ou d'acheter des terres dans l'île. Ma tâche est difficile, et je suis convaincu qu'il faut faire quelque chose pour donner à ces gens et aux autres la perspective d'une chaumière. »

Que fit M. Howard ? Il institua un *conseil de surveillance,* dans lequel le gouvernement, les planteurs et les affranchis eurent chacun un représentant, avec mission de passer les contrats, et de trancher toutes les difficultés. En même temps il fit signer aux propriétaires un engagement dont voici les points principaux : 1° Abandonner aux affranchis les moissons de la présente saison, récoltées ou non récoltées ; 2° leur laisser les maisons qu'ils occupent, aussi longtemps qu'ils consentiront à travailler aux conditions fixées par le *supervising board ;* 3° ne mettre aucun obstacle à la prospérité des écoles approuvées par le conseil. Cet engagement, à moins d'être renouvelé, n'était valable que pour un an.

Comme on le pense bien, le *Freedmen's Bureau* ne manquait pas d'adversaires et de détracteurs : d'abord les populations blanches du Sud, si mal disposées envers le nègre ; ensuite les *copperheads* ou ultra-démocrates du Nord, enfin les *Copper-Johnson* ou partisans de la politique présidentielle et le Président lui-même.

Heureusement le bureau est soutenu par la majorité des deux Chambres, qui en maintiendra l'institution aussi longtemps qu'elle sera nécessaire à la protection des affranchis (1).

(1) Le bureau vient d'être aboli par le Congrès.

En prenant congé du major Ketchum, je lui manifestai le désir de visiter le *settlement* nègre établi par le gouvernement sur l'ancienne propriété du général Lee. Aussitôt il m'offrit une lettre de recommandation pour le lieutenant Berguen, surintendant de la colonie, auquel il écrivit : « le Rév. C. Pascal, un ami sincère des États-Unis, désire visiter les points intéressants des environs de cette ville. Le général Howard vous sera obligé de procurer à M. Pascal toutes les facilités qui sont en votre pouvoir. » Je partis à cheval, muni de cette lettre. A l'extrémité de l'avenue de Pensylvanie, je vis, en passant une grande et belle statue équestre de Washington, élevée au centre d'un rond point où viennent aboutir plusieurs rues. Un peu plus loin, je traversai le *Rock creek* sur un pont, et je descendis à travers *George town* jusqu'au Potomac.

George Town est une petite ville fort gaie ; mais qui n'a de remarquable que ses riantes collines du nord et de l'ouest, où l'on a construit de charmantes villas, qui sont pour la plupart la résidence de quelques membres du corps diplomatique.

Un pont de bois, lourd et grossier, me conduisit sur l'autre rive du Potomac. Je foulai pour la première fois le sol rougeâtre et sableux de la Virginie. La route montait à mi-côte des collines d'Arlington, entre des bois et des champs de maïs, ceux-ci au-dessous, ceux-là au-dessus d'elle.

Sur la lisière de la propriété fédérale, on trouve un cimetière avec cette inscription : *Coloured soldiers and contraband cemetery*. Des tablettes de pierre blanche se dressent au pied des tumuli, alignés avec une douloureuse monotonie, et couvrant de leurs rangs serrés, deux cents acres de terrain sur la pente de la colline.

A la vue de ces nombreuses tombes, le passant se demande si la race qui, après avoir concouru à la richesse du pays, par deux siècles de travail sans rémunération, vient encore de verser le plus pur de son sang pour le salut de l'Union, n'a pas doublement acquis les droits civils et les droits politiques, qu'on lui marchande ou qu'on lui refuse (1).

Ce fut à travers un magnifique parc, couvrant d'une ombre épaisse des collines et de petites vallées, que j'arrivai à Arlington-House. En l'absence du surintendant je fus reçu par un lieutenant, qui remplit ici les fonctions de régisseur de la propriété dont l'étendue est de onze à douze cents acres. La maison, qu'il me fit visiter, est une construction grande, lourde, délabrée, bâtie de briques et peinte en blanc. Malgré le portique prétentieux de sa principale façade, elle n'a rien de remarquable que ses souve-

(1) Un nouvel amendement constitutionnel proclamant le suffrage universel vient d'être voté par le Congrès. Il interdit à l'égard du suffrage, toutes distinction pour raison de race, de couleur, de naissance, de fortune, d'éducation et de croyance.

nirs et sa situation exceptionnellement magnifique. A l'intérieur, dans de grandes pièces carrées, on trouve quelques vieux meubles en fort mauvais état, des portraits de famille, et, dans le grand corridor qui s'étend d'une façade à l'autre, des tableaux qui témoignent, si non du talent, du moins du patriotisme de leur auteur, M. Custis.

Arlington-House est situé au sommet d'une colline, à deux cents pieds au-dessus du Potomac. On découvre d'ici tout le superbe vallon où est bâti la capitale, les collines bleuâtres du *Range bluff*, au delà de l'Anacostia, le ruban jaune du Potomac, immobile au pied d'une chaîne boisée, les édifices de la ville et, par-dessus tous, le Capitole resplendissant.

Washington, qui avait épousé la veuve de M. Custis, habita assez longtemps cette propriété, et son ami Lafayette y vint souvent en visite. A la mort du dernier des Custis, Arlington devint par testament la propriété du fameux général Lee. Or, voici comment le légataire exécuta les volontés du testateur, dont il acceptait l'héritage. M. Custis, à l'exemple de Washington, avait ordonné dans son testament, que sa mort fut le signal de l'affranchissement immédiat de tous les esclaves attachés à sa propriété. Le général Lee, ne consultant que ses intérêts matériels, jugea bon de remettre à cinq ans plus tard le moment de la délivrance. Mais les nègres qui connaissaient la clause libérative, insérée en leur faveur dans le testament de leur défunt maître, en réclamèrent l'exécution. On leur répondit par un refus péremptoire. Ils menacèrent de s'enfuir. A cette menace on opposa une autre menace, et bientôt un fait douloureux vient les convaincre de leur impuissance, et réduire à l'obéissance les plus récalcitrants d'entre eux. Un jour une jeune femme de couleur, plus courageuse que tous les autres, disparut d'Arlington. Se mettre à sa poursuite, l'arrêter, la reconduire au logis de son maître, fut l'affaire de peu de temps. Quelle belle occasion de donner aux mécontents une sérieuse leçon! Lee n'y manqua pas. Deux robustes nègres conduisent la fugitive sous un hangar voisin de l'habitation. La malheureuse femme reçoit l'ordre de se dépouiller de ses habits. Elle refuse. On les lui arrache. On l'attache frémissante à un poteau. Le signal est donné, et la pauvre victime reçut autant de coups qu'elle en pût supporter!.. Vous pensez à Legrée? Ce n'était pas lui en personne qui était-là présent à cet infâme supplice; c'était Lee, le chevaleresque général, le héros du Sud!... — Pas possible! dites-vous. C'est ce que j'ai dit moi-même et répété plusieurs fois. Je connaissais cette histoire avant de venir à Arlington et je n'y avais pas cru. Mais j'y crois maintenant. Elle m'a été confirmée par l'officier qui me montrait l'habitation. « Cela est vrai, vrai de tout point, me disait-il. La plupart des témoins sont ici même; vous pouvez les interroger. Personne ne les a jamais démentis, non pas

même celui qui aurait le plus d'intérêt à le faire. »
Quelle haine de tels faits nous inspirent, non pour les
esclavagistes, mais pour l'institution de l'esclavage, qui
peut à ce point fausser la conscience et endurcir le
cœur.

Pour me rendre au *settlement* qui porte le nom d'*Arlington village*, je redescendis sur la route, et je poussai plus loin, jusqu'à une lourde barrière à claire-voie. Ici une baraque en planches, semblable à celle d'un marchand forain et munie dans le fond d'un casier, portait cet écriteau qui en indiquait la destination : *Arlington village Post office*. Ce bureau de poste, ouvert à tout venant, n'a pas l'air de travailler beaucoup. Il n'y a pas un seul employé, ni sur le banc et dans les casiers, un seul petit morceau de papier. J'arrivai bientôt, par un chemin montant, au village lui-même. Il est bâti sur la croupe d'une colline dépouillée d'arbres. De petits jardins potagers, des champs de maïs, de pommes de terre, d'ignames, l'entourent de toutes parts. Les colons en ont été choisis parmi les affranchis les plus pauvres et les plus ignorants. Le village n'a qu'une seule rue, large, demi-circulaire, bordée de chaque côté de maisonnettes en bois, isolées les unes des autres. Toutes ces maisons sont pareilles, carrées, divisées en deux parties dont chacune a son entrée particulière et une seule famille pour locataire. J'ai pénétré dans l'une d'elles, sous prétexte de demander un renseignement. L'ordre et la propreté ne brillaient pas dans ce pauvre intérieur. Le mobilier en était singulièrement rudimentaire et grossier. La mère de famille, tout en surveillant sa marmite, raccommodait des haillons d'une forme et d'une couleur indéfinissables. Un joyeux négrillon se roulait à ses pieds. Un second pleurait de tout cœur dans un berceau. Accroupie sur le seuil de la maison en face, une autre négresse, vrai type à la Calot, fumait une pipe de terre dont le tuyau cassé disparaissait dans sa bouche.

A l'entrée du village, une spacieuse construction, ayant la forme d'un parallélogramme, percée d'une porte à vitre, sert tour à tour d'église et d'école. Je laissai le soin de mon cheval à un jeune nègre, et j'entrai. A droite et à gauche d'un passage, des chaises et des bancs étaient diamétralement placés. Dans le fond de la pièce, une estrade surmontée d'un bureau, au pied duquel se trouvait un petit harmonium. Mon arrivée produisit un vif mouvement de curiosité. Le maître d'école vint au devant de moi. Je m'annonçai. Il m'accueillit avec empressement et me conduisit sur l'estrade. Je fus frappé de l'expression de bonheur, de paix, et de douceur qu'avait la figure de cet homme, âgé, je pense, de trente-cinq ans. Sa femme, physionomie non moins sympathique, partageait avec lui la modeste et noble tâche de l'enseignement primaire. L'école était mixte, et avait deux cent cinquante élèves. A gauche les filles, à droite les garçons, et, près de l'estrade, une vingtaine de soldats de couleur, élèves comme les autres. Ce qui caractérise une école nègre, c'est la joie expansive, l'insouciance enfantine, la turbulence des écoliers. Tous ces visages noirs souriaient et montraient des dents d'une blancheur éclatante. Pendant que je causais avec le maître et sa femme, un bourdonnement joyeux remplissait la salle. En me montrant les livres et les cahiers des élèves, « J'ai des enfants et des adultes, me disait l'instituteur, qui ont su lire au bout de trois semaines. D'autres, en revanche, n'y parviennent qu'au bout de trois mois. Désirez-vous les entendre chanter ? me demanda-t-il ensuite. — Très-volontiers ! » Sa femme se mit à l'harmonium pendant qu'il indiquait une hymne. Je ne saurais vous dire combien je fus satisfait de ce chant auquel je m'associai de tout cœur à la seconde et à la troisième strophe. L'entrain, l'ensemble, l'harmonie, n'y laissaient rien à désirer. Le cantique fini, je prononçai un petit discours, sans m'arrêter à quelques éclats de rire mal réprimés et dont mon accent étranger devait être la cause. Le maître me remercia au nom de tous, et je partis au milieu des applaudissements de toute la classe. A la porte de la salle, quelques négrillons du dehors s'étaient rassemblés. « N'obligez-vous pas les parents de la colonie à envoyer leurs enfants à l'école? demandai-je à l'instituteur, qui m'avait reconduit jusque là. — Non, monsieur, me répondit-il ; du reste, il en est très-peu qui ne la fréquentent pas régulièrement. Les nègres apprécient beaucoup l'instruction. Ils regardent tous comme un très-grand privilége et comme un très-grand honneur de savoir lire. C'est l'un des traits qui caractérisent à leurs yeux l'homme libre. » Tous nos paysans n'en sont pas là, pensai-je en moi-même.

Ce que venait de me dire le digne instituteur est parfaitement vrai. Je m'en suis aperçu en deux circonstances, que voici :

La première fois c'était, je crois, à Baltimore. L'un des nègres qui nous servaient à table, venait de me passer la carte. Il s'agissait d'y choisir mon dessert. « Donnez-moi, s'il vous plaît, du *custard pie*, lui dis-je. » On désigne ainsi une espèce de tarte à la crême. Un instant après, mon nègre m'apporte un gâteau tout différent. « Vous ne m'avez pas compris, » et je renouvelai ma demande. Un large sourire épanouit sa face débonnaire, et, faisant un signe qui semblait dire : Ah! j'y suis, il

19.

partit rapidement. Mais le voilà qui revient bientôt avec une tarte aux pommes. Je lui répète de nouveau et de mon mieux *custard pie,* en pesant sur chaque syllabe. Nouveau départ et troisième retour. Cette fois il m'apporte triomphalement une espèce de gelée qu'il pose devant moi d'un air satisfait de lui-même. « Ce n'est point cela. Savez-vous lire? — *Sometimes* (quelquefois), répond-il. — Hé bien, voyons si vous pourrez lire cette fois-ci. » Et je lui montrai du doigt le nom du gâteau de mon goût. Mon nègre ouvrait de grands yeux fixés sur le mot que je lui indiquais, et... j'allais dire qu'il rougissait. En tout cas, si son teint ne me permettait pas de m'en apercevoir, il en était autrement de son embarras qu'il ne pouvait dissimuler. Le pauvre garçon ne savait pas lire, et avait eu honte de me l'avouer. Mon voisin de table vint à son secours et au mien, et prononça le nom malencontreux, en plaçant la tonique où je n'avais pas su la mettre.

La seconde fois, c'était hier soir, je revenais des chutes du Potomac. Quoiqu'il fut plus de dix heures, on me servit à souper dans la grande salle de l'hôtel. Debout en face de moi, tandis que je mangeais, un nègre attendait mes ordres. Je liai conversation avec lui. « Quel âge avez-vous? — Vingt-huit ans, peut-être. » Ce peut-être ne me fit pas sourire comme le *sometimes* de l'autre.

N'était-ce pas une douloureuse révélation? Le nègre m'apprit ensuite qu'il n'avait jamais connu son père, et que sa mère devait être morte, car depuis longtemps il n'avait pas eu de ses nouvelles. « J'appartenais, continua-t-il, à une dame de Richemond qui me louait au jour, à la semaine ou au mois, à divers petits planteurs qui avaient besoin de mes services. Pendant la guerre, je me suis enfui, ne voulant plus être esclave. Maintenant, je suis marié ; je gagne dix-huit dollars par mois et mon entretien ; je suis un homme libre et j'ai appris à lire ! » Tout cela fut dit avec la volubilité et l'accent du bonheur, et le *j'ai appris à lire*, prononcé avec emphase, couronnait cette énumération de prospérités.

Après ma visite au *Coloured settlement*, je gravis les hauteurs d'Arlington pour voir quelque chose du théâtre de la dernière guerre. Un vaste plateau, légèrement ondulé, incline lentement jusqu'à des forêts lointaines dont le sombre rideau borne l'horizon. Là coule le Bull-Run, célèbre par la défaite de la première armée fédérale.

Cette plaine que je parcourais, était, avant la guerre, couverte de forêts; maintenant, elle est nue, aride, désolée. Le sol jaune, poudreux, foulé, est hérissé des souches mortes des arbres qu'on a abattus. Ça et là des *loghouses* ou maisonnettes de bois en ruine, des travaux militaires, des tranchées, des palissades, des fortifications en terre. Un soldat à cheval, chassant devant lui une vache qu'il ramène au poste voisin où flotte à la cime d'un mat le drapeau fédéral, me nomme successivement les forts élevés dans la plaine : Marcy, Corcoran, Woodburg, Tellinghast et d'autres encore. Jusqu'ici, je n'avais rien vu dans ce pays qui me rappelât la guerre, si ce n'est, à New-York, deux compagnies de soldats, au visage hâlé, aux habits sales et usés, et qui, revenant de la Géorgie, retournaient paisiblement dans leurs foyers. A peine y avait-il un an que la guerre était terminée, que déjà les grandes armées fédérales, aguerries par cinq années de luttes et de combats, endurcies par des travaux militaires considérables et par des marches aussi longues que rapides, n'existaient plus que par le souvenir de ce qu'elles ont fait, et des sacrifices énormes qu'elles ont coûtés. Sauf quelques régiments de réguliers, disséminés sur divers points stratégiques des états pacifiés, tout est passé, sans transition, de la vie des camps à la vie civile. Chefs et simples soldats sont retournés volontiers aux paisibles travaux de l'agriculture, du commerce, de l'industrie et des arts. Ce changement rapide, immense, radical, s'est accompli subitement et sans trouble; digne couronnement du grand spectacle que l'Amérique a donné au monde. On lui avait prédit de tous côtés le triste sort de la République romaine et de la République française : le fléau des armées permanentes, le militarisme, la centralisation du pouvoir, la dictature, l'empire, et voici que, le lendemain de la lutte, elle se retrouve avec ses mœurs démocratiques et ses libres institutions dont la crise redoutable n'a servi qu'à faire éclater la puissance et la stabilité. La noble prédiction de Lincoln s'est réalisée : « Le gouvernement du peuple par le peuple et pour le peuple, n'a point disparu de la terre. »

VII

J'ai fait dans l'après-midi, en amont du Potomac, aux *litte falls* et aux *great falls* de ce fleuve, une de ces charmantes excursions dont on garde toujours le souvenir. Après avoir passé le *Rock creek*, j'ai suivi le *chesapeak and Ohio canal*. A l'extrémité de Georgetown, l'une de ses branches forme le canal d'Alexandrie, dont les eaux traversent le Potomac sur un beau pont-aqueduc, élevé de quarante pieds au-dessus du fleuve. Voici plus loin, un autre aqueduc qui fournit des eaux pures et abondantes à la ville de Washington. Cet aqueduc, la route, le canal et son chemin de hallage bordé d'arbres, se dirigent de concert vers les grandes chutes du Potomac. Je marchais au fond du vallon où le fleuve coule paisiblement. D'un côté, des collines escarpées et boisées ; de l'autre, de vertes prairies descendant jusqu'au bord du chemin, semées de gracieux bouquets d'arbres et d'arbustes, à l'ombre desquels des troupeaux de grands bœufs noirs et roux ruminent paresseusement. Plus loin, les prairies disparaissent, la vallée se rétrécit et se creuse plus profondément. Le paysage devient plus tourmenté, plus sauvage. Je suis à trois milles de Georgetown, au pied des petites chutes dont le bruit trouble seul le profond silence des forêts qui m'entourent. Je poursuis mon chemin, et je monte avec la vallée. A mes pieds, le Potomac n'est plus qu'une rivière ordinaire, sauf la beauté incomparable du paysage qui le borde. De petits ilots verdoyants en tachent la surface limpide, verte quand elle réfléchit la forêt, bleu quand elle réfléchit le ciel. Je vois de grands arbres se pencher sur les eaux comme pour en respirer la fraîcheur et y tremper leur abondante chevelure. D'autres semblent lutter avec les lianes, les chèvre-feuilles, les pampres sauvages, les bignonias et une foule de graminées en fleurs qui s'attachent à leurs branches comme pour les terrasser. A mesure que j'avance, la forêt envahit tout; la solitude est absolue; le silence saisissant. Il y a là, mêlés aux chênes, aux érables, aux magnolias, aux conifères de toutes espèce, aux platanes, aux ormes, aux trembles, aux châtaigniers, aux mûriers, une foule d'autres arbres qui me sont inconnus. Au sein de cette végétation luxuriante et vierge, où se confondent, dans une harmonie ravissante, toutes les teintes et toutes les formes de la nature végétale, une émotion indéfinissable me pénètre. Il me semble que je suis le premier homme qui m'aventure en ces lieux. Volontiers je m'élancerais, je courrais, je crierais de plaisir. Jamais je ne me suis moins possédé. On respire un air de liberté sauvage qui vous enivre. Je comprend maintenant que l'Indien, né et grandi à l'ombre de ces forêts et au bord de ces rivières solitaires, ait horreur de notre civilisation et préfère, aux douceurs qu'elle nous procure, la vie du désert, errante et précaire, mais d'une liberté sans bornes. Il me prend des velléités de me faire indien... jusqu'à la fin de la belle saison.

Cependant, au sein du vaste silence qui m'entoure, mon oreille vient de percevoir une vague et faible rumeur. J'écoute : on dirait le bruit lointain de la mer se brisant contre les falaises. La rumeur grandit à mesure que j'approche. Plus de doute, c'est la voix des grandes chutes du fleuve. Je redescends maintenant dans le vallon. Voici enfin un hameau; c'est, je crois, Mathilda qu'il s'appelle. Les chutes sont près d'ici, mais on ne les voit pas encore. J'y cours : les voilà ! En cet endroit, le Potomac, large d'environ trois cents mètres, descend par une vallée bordée de collines à l'aspect singulièrement sauvage, puis tombe tout à coup au fond d'un abîme de soixante-seize pieds de profondeur, entre d'immenses rochers granitiques. La solitude, le fracas de la chute, les rocs déchirés et fumants, la grande nappe d'eau azurée, verdâtre et blanche tour à tour, la vapeur qui s'élève en nuage, la gorge tourmentée par où s'enfuient les eaux écumantes, les arbres gigantesques, les fourrés inpénétrables, les fougères élégantes, les fleurs délicates, le superbe désordre de cette nature : quel tableau cela forme ! Quel paysage dont il faut se contenter de jouir sans essayer de le décrire ! Je suis descendu à mes risques et périls presqu'au fond de l'abîme, au pied des chutes, en m'aidant plus encore des mains que des pieds. S'il y a un chemin pour y arriver, à coup sûr je ne l'ai pas trouvé. Heureusement que mon habit américain de toile blanche, en même temps qu'il est très confortable dans ce climat caniculaire, résiste vaillamment à toutes les attaques, à tous les coups de griffes des arbustes épineux et inhospitaliers que ma descente parmi eux semble avoir mis en fureur. J'avais apporté mon repas dans l'une des poches de mon cher habit, poches aussi grandes qu'un havresac. Il était bien frugal, mais je l'ai trouvé délicieux. La rivière m'a désaltéré. J'aime l'eau, surtout depuis que je suis en Amérique. Elle y est excellente et toujours à la glace; du reste imposée d'office à la table de tous les hôtels. Après un moment de contemplation et de rêverie, j'ai tiré mon album où de timides crayons se mêlent à des notes laconiques. J'ai écrit, puis j'ai voulu dessiner; impossible. Jamais je n'avais senti à ce point l'impuissance de mon crayon. Mais quelle abondante moisson de sujets gracieux ou majestueux, toujours d'une grande beauté, un habile artiste trouverait ici et dans les environs !

VIII

On ne peut guère quitter la capitale des États-Unis sans faire un pèlerinage à *Mount-Vernon,* l'habitation favorite de Washington et le lieu où repose ses cendres. Divers bateaux à vapeur du Potomac s'y rendent journellement. Pour la plupart, ce n'est qu'une station sur leur route, pour d'autres, c'en est le point extrême et principal. J'ai préféré faire une partie du chemin à pied, et ne prendre le bateau qu'à Alexandrie, distant de cinq ou six milles. En descendant vers le Potomac par la douzième rue, je traversai le *Mall* où je visitai en passant le *Smithsonian Institute* consacré au progrès des lettres et des sciences. *Washington city* n'est pas seulement la capitale politique du pays, elle en est encore l'un des principaux centres scientifiques. Outre le *Patent office* dont j'ai parlé, on y trouve une Faculté de médecine, un collége qui prend chaque jour plus d'importance ; un *Coast Survey office,* célèbre par ses résultats scientifiques au point de vue topographique et hydrographique, et où l'on fabrique les instruments nécessaires à l'étude de ces sciences; un *Nationnal Institute* qui cultive avec succès toutes les branches du grand arbre des sciences si récemment planté, mais déjà si immense et si fécond; un magnifique Observatoire que j'ai visité : l'ordre, la beauté, le nombre et la perfection des instruments, n'y laissent rien à désirer ; enfin, le *Smithsonian institute* où je suis maintenant. Cet édifice bâti de pierre rouge, situé au milieu d'un parc, se compose de plusieurs bâtiments divers de grandeur et d'architecture, quoique la romane y domine, reliés entre eux par des galeries, des ailes, des pavillons, et flanqués, çà et là, de tours et de tourelles carrées, rondes, octogones, les unes crénelées, les autres surmontées d'une flèche. Il serait assez difficile d'en donner une description complète, tant il y a de caprice et d'incohérance dans ce groupe de constructions prétentieuses sans être toujours réussies. La ville fut dotée de cette importante institution par un Anglais, James Smithson, qui lui légua à cet effet 100,000 livres sterling. Le *Smithsonian institute* publie périodiquement de gros et beaux volumes contenant des travaux littéraires et scientifiques. Elle en fait présent aux bibliothèques publiques et aux sociétés savantes. Un bon nombre de bibliothèques et de sociétés de l'étranger ont part à ces libéralités.

Après ma visite au *Smithsonian institute*, je continuai à redescendre la douzième rue jusqu'à l'avenue de Maryland, au bout de laquelle je trouvai le *Long Bridge*, que je traversai pour arriver sur la rive méridionale du Potomac. Ce pont, dont le milieu est en briques et les extrémités en bois, a deux kilomètres de long. Vu d'ici, le fleuve est d'une grande magnificence. Large comme un bras de mer, il coule à plein bord entre ses rivages élevés. Les collines du Maryland, courant de l'est à l'ouest, viennent se placer parallèlement à celles de la Virginie, pour former avec elles une vallée profonde, et accompagner le Potomac jusqu'à la baie de Chesapeak. Il ne manque à ce paysage qu'une seule chose : l'animation qui règne sur la Delaware et sur l'Hudson.

La route d'Alexandrie commence au bout du Long Bridge, passe sur l'île Alexandre et traverse, jusqu'à sa destination, un pays montueux dont les hauteurs sont boisées, les pentes et les bas-fonds cultivés. Alexandrie n'a de beau que son site. Elle est assise au bord du Potomac, encore plus large en cet endroit qu'à Washington, et au fond d'une riante vallée formée de hautes collines sur le flanc desquelles la forêt luxuriante descend en ondes épaisses. Quoiqu'elle ait déjà plus d'un siècle d'existence, le chiffre de sa population ne dépasse pas 13,000 âmes. Jusqu'en 1846, elle fit partie du district de Colombie, et cette situation politique en a retardé le développement. Mais depuis que, restituée à la Virginie, elle a recouvré sa pleine indépendance, son commerce et sa population ont pris un nouvel essor.

Washington venait souvent de Mount-Vernon à Alexandrie où il comptait de nombreux amis. On y montre l'église dont il fut l'un des administrateurs, et, dans cette église, le banc où on le voyait régulièrement tous les dimanches. La ville possède une école publique gratuite pour la fondation de laquelle il légua 25,000 fr. à la municipalité, et un musée où l'on a réuni divers objets qui ont appartenu au grand homme.

Mount-Vernon, situé à deux lieues d'Alexandrie, ne diffère pas des autres plantations du sud. Le nom qu'il porte lui fut donné par Washington en souvenir du célèbre amiral anglais Edward Vernon sous lequel son frère avait servi. Depuis quelques années, ce domaine est la propriété de la République, et l'administration en est confiée au comité de dames qui prit l'initiative de la souscription nationale au moyen de laquelle on l'acheta. Le bateau à vapeur vient toucher à l'une de ces jetées qu'on désigne dans le sud du nom de *landing*. On débarque, et, par un sentier qui grimpe à travers une riche végétation d'arbres, d'arbustes et de plantes entremêlés, on arrive au sommet de la colline. Voici l'habitation. Elle est faite de bois et n'a qu'un seul étage, couvert d'un toit en mansardes. La façade principale, qui se présente d'abord, est ornée sur toute sa longueur d'un péristyle de huit colonnes. A ses pieds, un parterre de gazon descend jusqu'à l'escarpement de la colline qui plonge brusquement dans le fleuve. Celui-ci coule majestueusement au fond de l'immense vallée. L'œil en suit le cours resplendissant jusqu'à vingt milles de distance. Ce paysage est grandiose, désert, silencieux. Sur l'autre façade de l'édifice, deux ailes latérales se rattachent par une galerie ouverte au bâtiment principal, et forment entre elles une cour où sont alignées les cases des nègres, descendants des esclaves que Washington émancipa par son testament. Des remises, des greniers et, à quelques mètres de l'habitation, une *summer house* où l'on arrive par de belles allées ombreuses, complètent la série des constructions du domaine. La plupart d'entre elles sont délabrées, mais à cela s'est bornée la puissance destructive du temps. Il n'a pu changer autrement la demeure de Washington ; il lui a laissé tout son incomparable prestige, il l'a même augmenté. Ça et là, on me montre des arbres qui ont été plantés par le général. Je pénètre ensuite dans l'habitation. Tout y est à peu près tel que le grand homme l'a laissé. Voici sa bibliothèque, sa salle à manger, sa chambre à coucher près de celle de Madame Washington, et la chambre qu'occupèrent tour à tour le duc d'Orléans et Lafayette, durant leur visite à Mount-Vernon. Toutes ces pièces sont spacieuses et très-simplement meublées. Il me semblait, en les parcourant, que j'allais voir paraître devant moi la grave figure du Père de la République américaine. Parmi les reliques de l'endroit se trouve aussi une clé de la Bastille, celle que Washington montra au jeune vicomte de Chateaubriand qui ne fut pas enchanté de cette exhibition. « Ces clés de la Bastille étaient, » dit l'auteur du *Voyage en Amérique*, « des jouets assez niais

» qu'on se distribuait alors dans les deux mondes. Si
» Washington avait vu comme moi, dans les ruisseaux
» de Paris, *les vainqueurs de la Bastille,* il aurait eu
» moins de foi dans sa relique. » Dans un autre de ses
ouvrages, il revient sur ces malheureuses clés pour exprimer le même dédain et les mêmes sarcasmes. Hé bien! n'en déplaise à Chateaubriand, cette clé, qui est bien authentique, ne m'a pas paru un jouet assez niais; ou plutôt jouet, soit! Elle le fut en effet, mais jouet infâme et cruel, alors que la main des despotes la tournait et retournait selon les caprices de leurs mauvaises passions !

Si Washington avait vu, non pas les vainqueurs, comme veut bien le dire Chateaubriand, mais peut-être des vainqueurs de la Bastille, dans les ruisseaux de Paris, il n'eut pas commis l'injustice de confondre avec eux le peuple enthousiaste, qu'un généreux élan avait conduit au siége de l'infâme prison. En tout cas, il eut certainement dit : « Quels que soient les combattants, la victoire n'en est pas moins grande et belle, et, sauf des excès regrettables, qu'il faut flétrir énergiquement, quoiqu'ils aient été provoqués par les décharges meurtrières de la garnison, le peuple de Paris a fait, en ce jour, œuvre de justice et de réparation ! » Ainsi pensait Washington, et c'est pour cela que cette clé lui était précieuse, ainsi qu'à son ami Lafayette qui la lui avait envoyée.

En revanche, malgré ses idées et ses sentiments aristocratiques, Chateaubriand a su comprendre toute la grandeur morale de Washington et la beauté de son cœur. Le parallèle qu'il a établi entre celui-ci et Bonaparte, est plein de justesse et de vérité. C'est lui qui a renfermé, dans ces quelques mots, le plus bel éloge qu'un homme puisse recevoir de la postérité : « Was-
» hington a confondu son existence avec celle de son
» pays. Sa gloire est le patrimoine commun de la civi-
» lisation croissante. Sa renommée s'élève comme un
» de ces sanctuaires où coule une source intarissable
» pour le peuple. »

Oui, c'est bien un sanctuaire que cette renommée. Je le sentais tout particulièrement à Mount-Vernon. A la source qui en découle, le peuple peut puiser le patriotisme, le désintéressement, la vertu et la piété profonde qui en forment le flot pur et intarissable.

Le tombeau de Washington se trouve à quelques pas de l'habitation, au milieu d'un petit bois de cèdres et de chênes, où se dressent aussi quelques obélisques funèbres. Le mausolée est une simple voûte reposant sur quatre murs. La façade est percée d'une porte ogivale, fermée par une double grille en fer. A droite et à gauche, le mur s'abaisse en demi-cercle jusqu'à l'angle qui le termine. A travers la grille, on voit deux sarcophages de marbre blanc. Sur l'un, on lit ces mots : *Martha, consort of Washington;* sur l'autre : *Washington.* Ce nom suffit. Tout épitaphe pompeuse pâlirait à côté de lui.

En 1825, lors de sa dernière visite aux États-Unis, Lafayette se rendit à Mount-Vernon. Le beau-fils et l'enfant adoptif de Washington, M. Custis, l'y reçut et lui offrit un anneau contenant des cheveux de son illustre ami. Plusieurs messieurs avaient accompagné le général français, mais il pénétra seul dans le mausolée. Rien ne vint troubler l'intimité solennelle de cette pieuse visite. On n'entendait que les sanglots étouffés de Lafayette, auxquels répondaient les coups de canon que tirait, en signe de deuil, la flottille américaine qui l'avait escorté à Mount-Vernon (1).

(1) Extrait d'un ouvrage qui paraîtra prochainement sous le titre de : *A travers l'Atlantique et dans le Nouveau Monde.*

TABLE DES MATIÈRES.

Introduction. . . . . pag. 5

I

La voix de Guernesey (Mentana), par Victor Hugo. 11

II

Au Marin (Poésie), par César Pascal. 51

III

Des divers âges de la littérature, par Louis Blanc. 41

IV

Souvenirs d'un touriste — Fécamp — son Abbaye — sa Relique du Précieux Sang, par H. Testard. . . . . . , . , . . . 71

V

Le Réveil d'une momie en 1869, par Ernest Chérifel La Grave. 111

VI

Washington et ses environs, par César Pascal. . 165